INHALT

1. WORUM ES BEIM SCHREIBEN GEHT

Warum ich einen Kraftausdruck auf die Goldwaage lege. Warum die Erfolgsaussichten beim Zahnarzt größer sind als beim Lesen dieses Buches. Warum sowohl meine Oma als auch Rosa Luxemburg recht haben. Und warum erst mal die Deutschlehrer lernen müssen, gut zu schreiben. . . . **13**

2. HANDWERK

Warum Wörter mit der Endung »ung« blöd sind. Warum Adjektive bescheuert sein können. Warum von mir erwartet wird, aktiv zu schreiben. Und warum es Allgemeingut sein sollte, dass Verben die Krönung der Wortschöpfung sind. . . . **25**

1. WORUM ES BEIM REDENSCHREIBEN GEHT

Warum Kurt Tucholsky mit seinen Ratschlägen zu kurz hopst. Warum Sie die Menschheit aufrütteln sollten – oder zumindest Tante Erna. Und warum Sie kein Dackel sein sollten. . . . **42**

2. RECHERCHIEREN

Warum Sie ganz lange keine Zeit haben werden, mit dem Schreiben der Rede anzufangen. Warum Sie vor dem Schreiben erst mal reden sollten. Warum es darauf ankommt, nach Menschen zu suchen. Und warum ein Bücherregal in Ihrem Büro nicht schaden kann.

3. GLIEDERN

Warum Sie jetzt besser zu einem anderen Ratgeber greifen sollten. Warum ich doch mal eine Gliederung gemacht habe. Und warum sich eine Rede mit rotem Faden von allein schreibt.

4. AMÜSIEREN

Warum es gut wäre, Ihre Zuhörer zum Lachen zu bringen, aber warum es nicht notwendig ist. Warum Kant in diesem Kapitel vorkommt, ja genau: der Kant. Und warum Ironie wirklich voll empfehlenswert ist.

5. EINSTEIGEN

Warum ich am liebsten darauf verzichten würde, Prominente zu grüßen. Warum Sie mit Ideen auch an der Oder fündig werden können. Und warum selbst alte Western-Schinken nützlich sind.

6. GLÄNZEN

Was ich von Frau Merkel gelernt habe. Warum Sie Ihre Zuhörer nicht wie Abnicker behandeln dürfen. Und warum Sie auch Biene Maja gucken sollten.

7. ENDEN

Warum eine Rede nicht wie »Born to be wild« aufhören darf. Warum das Wichtigste am Schluss stehen kann – oder auch nicht. Und warum der Schluss nicht unbedingt das Ende ist, sondern auch ein Anfang.

ICH

Häufig werde ich gefragt: »Wie wird man denn Redenschreiber?«
Ich antworte: »Keine Ahnung.«

Bei mir war es so: Eines Tages, ich saß in meinem Büro in der deutschen Botschaft in Washington, rief mich ein Vertrauter von Andrea Nahles an, der damaligen Generalsekretärin der SPD. Ob ich mir vorstellen könne, ihr Redenschreiber zu werden.
Wie kamen die nur darauf?
Ok, der Vertraute war mal mein Kollege beim Deutschen Gewerkschaftsbund gewesen, als ich dort Pressesprecher war. Und in meiner Funktion als deutscher Sozialattaché in den USA hatte ich einige sozialdemokratische Minister bei ihren Amerika-Besuchen betreut. Aber sonst? Ich war kein Redenschreiber, ich hatte bislang nur ein paar Reden für mich selbst geschrieben. Zudem war ich kein SPD-Mitglied und hatte nach drei Jahren USA von deutscher Politik wenig Ahnung.
»Habt ihr keinen Besseren?«, fragte ich zurück.
Nun gut. Für mich würde es eine tolle Erfahrung sein. Also sagte ich zu.

Zwei Jahre später fragte mich der Wahlkampfleiter von Peer Steinbrück, ob ich dessen Redenschreiberteam leiten wolle. Eine Woche nachdem ich zugesagt hatte, traf ich Peer Steinbrück zufällig auf einem Flur im Willy-Brandt-Haus in Berlin.
Ich sagte: »Hallo Peer, ich bin Markus Franz, dein Redenschreiber.«
Er lachte, schüttelte mir die Hand und wir gingen unserer Wege.
Es dauerte anderthalb Jahre, bis wir uns zum ersten Mal länger unter vier Augen trafen. Etliche Monate nachdem mein Job als sein Redenschreiber beendet war. Ich hatte aus reiner Sentimentalität darum gebeten. Denn ich hatte die Zeit als sein Redenschreiber genossen.

Damit habe ich die Antwort auf die zweithäufigste Frage an mich vorweggenommen: »Muss man als Redenschreiber nicht ein enges persönliches Verhältnis zu seinem Auftraggeber haben?«
Noch mal in Kurzform: Nein.
Aber besser wär's schon.

Die dritthäufigste Frage lautet: »Ist es nicht schwer, sich auf den Stil des Redners einzustellen?«
Meine Antwort darauf ist nicht gerade allgemeingültig. Als ich zum ersten Mal etwas Grundsätzliches mit Peer Steinbrück besprechen konnte, sagte ich herausfordernd: »Peer, es gibt kaum zwei Menschen, die einen unterschiedlicheren Schreibstil haben als wir beide. Du hast die Substantivitis und ich bemühe mich seit Jahren, Hauptwörter zu vermeiden. Ich will meinen Stil nicht verändern. Ich hoffe, du lernst von mir.«
Das entsprach natürlich so gar nicht der gängigen Erwartung, wonach sich der Redenschreiber an den Redner anzupassen habe. Peer Steinbrück jedenfalls lächelte milde. Und ich meinte sogar, ein leichtes Nicken bemerkt zu haben.

Dieses Buch ist eine Rede. Eine Rede als Buch. Es lebt von meinen Erfahrungen. Als Journalist, als Pressesprecher, als Redenschreiber und als Trainer fürs Redenschreiben. Vordergründig beschäftigt es sich mit der politischen Rede. Aber es geht um Universelles: Sprache, Anspruch, Haltung.
Provokativer gesagt: Es geht um etwas, das Sie wahrscheinlich nie gelernt haben, nicht in der Schule und erst recht nicht im Studium, nämlich sich verständlich und wirkungsvoll auszudrücken.

TEIL I
SCHREIBEN

1. WORUM ES BEIM SCHREIBEN GEHT

Warum ich einen Kraftausdruck auf die Goldwaage lege. *Warum die Erfolgsaussichten beim Zahnarzt größer sind als beim Lesen dieses Buches. Warum sowohl meine Oma als auch Rosa Luxemburg recht haben. Und warum erst mal die Deutschlehrer lernen müssen, gut zu schreiben.*

Ich muss Ihnen eine betrübliche Mitteilung machen: Schreiben ist scheißschwer.
Na, so was. Wie drückt der sich denn aus?
Ok. Solche Kraftausdrücke sind nicht schön. Erst recht nicht, wenn sie geschrieben stehen. Ich versuche normalerweise, ohne sie auszukommen.

Aber hier geht es um den ersten Satz. Um den ersten Eindruck. Darum, was die Leser erwarten dürfen.
»Ja gerade«, mögen Sie einwenden. »Damit schrecken Sie doch gleich ab.«
Vielleicht. Dann ist es so. Jedenfalls wissen Sie vom ersten Satz an, was Sie erwartet: Klartext. Ich bezwecke nicht, die Wissenschaft zu beeindrucken, sondern Sie, die Leserinnen und Leser, zu verführen, dieses Buch bis zur letzten Seite zu lesen und dabei möglichst viel zu lernen.

Ich hätte natürlich schreiben können: *»Ich muss Ihnen eine betrübliche Mitteilung machen. Schreiben ist sehr schwer.«* Damit wäre ich auf der sicheren Seite gewesen. Niemand würde sich beklagen.

Aber gerade darum geht es mir beim Schreiben nicht: zu vermeiden, dass ich anecke. Denn weshalb schreibe ich? Um etwas zu bewirken. Dazu muss man anecken.

»Scheißschwer« also. Das drückt Emotion aus. Wirkt dringlich. Bleibt hängen. Außerdem ist das Wort, das ich ab jetzt möglichst vermeiden möchte, ein guter Aufhänger, um zu zeigen, wie wichtig der Einstieg ist. Und wie wichtig einzelne Wörter sind. Und wie sehr man sich als Person einbringt. Und wie wichtig das Ringen mit sich selbst ist. Reicht das als Begründung für ein einziges Wort?

Sollen andere das Wörtchen »sehr« benutzen. Es passt vielleicht besser zu ihnen. Dann *ist* es auch besser. Aber sie sollten mit mehreren Möglichkeiten spielen und in dem Bewusstsein entscheiden, dass es genau das ist, was Sie sagen wollen.

Einschub. Wenn Sie wüssten, wie viele Wörter ich aus diesen ersten Zeilen gestrichen habe. Wie ich gekürzt, gefeilt und umgestellt habe. Alles wirkt so hingehunzt – oder? Aber auch das ist das Ergebnis harter Arbeit. Immer noch ringe ich mit dem Wort »normalerweise« aus dem letzten Satz des ersten Absatzes. Ich hatte es schon gelöscht, dann doch wieder eingefügt. Eigentlich ist es überflüssig. So wie das Wort »eigentlich« eigentlich überflüssig ist. Aber Sprache muss nicht immer Regeln folgen. Sie hat auch mit Gefühl zu tun. Und damit, wie man glaubt, sich am besten verständlich zu machen.

Habe ich recht, wenn ich sage: Vom ersten Satz dieser Rede an sind wir mittendrin? Ich versuche, keine Zeit zu vergeuden, nicht langatmig einzuführen. Oder tue ich das gerade wieder durch diesen Einschub? (Er hat »wieder« geschrieben. Was ist das nur für ein Typ? Ein Grübler? Ein Selbstzweifler?)
Nein. Es geht ums Schreiben. Und das ist schwer. Verdammt schwer.

»*Verdammt*«, schreibe ich nun also. So, wie ich meine Kurse manchmal mit »verdammt« anfange statt mit dem anderen Wort. Je nachdem, welches Publikum vor mir sitzt.

Genug davon.

Bleiben wir bitteschön trotzdem bei meinem ersten Satz. Er ist aus einem zweiten Grund problematisch: Er liest sich negativ, er könnte entmutigen. Wäre es nicht besser, sinngemäß zu schreiben: »*Machen Sie sich mal keine Sorgen. Das mit dem Redenschreiben kriegen wir schon hin.*«?

Ich finde nicht. Ich finde, der Satz macht Mut. Mut dazu, sich anzustrengen. Sich gar zu quälen, wenn es nicht anders geht. Denn wer glaubt, Schreiben sei eine leichte Angelegenheit, grämt sich vielleicht, zu viel Zeit darauf zu verwenden. Und gibt sich deshalb nicht genug Mühe.

Ab jetzt wissen Sie: Es ist geradezu das Normalste von der Welt, sich beim Schreiben anzustrengen – wenn man gut sein will. **Also strengen Sie sich gefälligst an!**

»Aber«, wenden Sie vielleicht ein, »wir haben doch in der Schule gelernt zu schreiben. Und im Studium. Und …«

Nein. Wer Kafkas oder Shakespeares Texte hervorragend interpretiert, wer vielleicht sogar »Stiller« von Max Frisch versteht und dafür mit 1 benotet wird, kann noch lange nicht gut schreiben.

Mit gut schreiben meine ich: leicht verständlich und wirkungsvoll schreiben.

Das können die wenigsten.

Wie ich mir anmaßen kann, das zu behaupten? Ich habe als Jurist gearbeitet, als Journalist, als Pressesprecher, als Diplomat, als Redenschreiber und als Schreibtrainer für Mitarbeiter von Stiftungen, Unternehmen und Verbänden. Ich weiß daher: Die meisten Menschen drücken sich so aus, dass sie einem Zeit und Nerven rauben.

Wie viele gute Redner kennen Sie in der Politik? Mehr als drei oder vier? Zehn wären ja wohl nicht zu viel verlangt. Nicht mal hundert. Denn, wie Erhard Eppler sagt: »*Politik vollzieht sich in Sprache.*«
Wer ist im aktuellen Deutschen Bundestag ein guter Redner?
Wer aus der Wirtschaft?
Wer aus der Kultur?
Wem hört man gerne zu?
Wer bringt einen zum Nachdenken?
Wer bewegt einen?
Deutschland hat viel zu wenig gute Redner. Woher auch? Wir lernen es nicht.
Wir lernen weder zu reden noch zu schreiben. Das erleben wir tagtäglich. Wenn wir versuchen, Beipackzettel von Medikamenten zu verstehen. Oder Ratschläge von Mieterverbänden oder Bedienungsanleitungen von elektronischen Geräten. Oder Auskünfte von Ämtern. Das ist nicht nur ärgerlich, sondern auch teuer. In dem Buch »Flotte Schreiben vom Amt« von Peter Berger steht ein schönes Rechenbeispiel: Eine Verwaltung schickt 10 000 Bescheide im Jahr. Wenn nur bei jedem vierten Schreiben ein Bürger telefonisch nachfragt und jedes Gespräch 10 Minuten dauert, dann verbringen die Behördenmitarbeiter 55 Arbeitstage mit Anfragen, die überflüssig sein sollten. Diese Zahl ist niedrig gerechnet.

Wird in anderen Ländern besser geschrieben und geredet als in Deutschland? Zumindest in England und den USA scheint es so zu sein. Ich weiß zu wenig darüber. In Erhard Epplers Buch »Kavalleriepferde beim Hornsignal« lese ich, warum die politische Sprache in Deutschland unterentwickelt sei:

»An eine Sprache, die sich in Schreibstuben und auf Paradeplätzen, nicht in Parlamenten oder Gerichtsverhandlungen ausbildet, hängt sich Papiergeruch. Es gab lange keine politische deutsche Öffentlichkeit und es sollte sie auch nicht geben. Menschen und

ihre Sprache können sich nur entfalten, wenn Freie und Gleiche miteinander sprechen.«

Und weiter:

»Wer es nicht nötig hat, andere zu überzeugen, braucht sich beim Reden und Schreiben keine Mühe zu geben. Wer einfach dekretieren darf, kann sich das bis zur Unverständlichkeit verschnörkelte Deutsch leisten, in dem die Erlasse und Verordnungen des siebzehnten und achtzehnten Jahrhunderts abgefasst sind.«

Dazu passt, was ich bei dem grandiosen Journalisten und Autor E.A. Rauter (»Vom Umgang mit Wörtern«) lese:

»Guter Stil zeichnet sich durch Deutlichkeit aus. Obrigkeit hat kein Interesse an Deutlichkeit.«

Bei der Einschulung meiner Tochter fiel mir in der Aula ein Schild auf: *»Bitte unbedingt die Tür der Mietung schließen.«* Aua. Auf solch eine Schule soll ich meine Tochter lassen? *»Mietung«*, das soll wohl heißen, dass die Aula von der Schule nur angemietet ist. Aber wen interessiert das, wenn es darum geht, dass die Tür geschlossen sein soll? Es ist auch nicht nötig, *»unbedingt«* zu schreiben. Es reicht: *»Bitte Tür schließen.«*
Ich bin zum Religionslehrer gegangen, um das zu monieren. Warum zum Religionslehrer? Alle Lehrer hatten sich zuvor der Reihe nach vorgestellt. Der Religionslehrer wirkte am souveränsten. Das liegt vielleicht daran, dass meines Wissens Theologen außer Journalisten die Einzigen sind, die im Studium lernen, sich gut auszudrücken. Wie gesagt, sie lernen es. Germanistikstudenten lernen es nicht. Wer es nicht glaubt, sollte das Buch lesen, dass ich darüber schreiben werde. Wenn Sie etwas dazu beitragen möchten, melden Sie sich bitte bei mir. Insbesondere, wenn Sie Deutschlehrer sind.

Ich konnte nicht gut schreiben, als ich aus der Schule kam. Selbst nach schulischen Maßstäben. Ich hatte im Abitur in Deutsch ein Befriedigend.

Inzwischen habe ich das Schreiben mit viel Fleiß gelernt. Ich habe ein Volontariat absolviert, habe mich auf Seminaren fortgebildet, habe fast jeden beruflich geschriebenen Text gegenlesen lassen, habe die Kritik daran mehr oder weniger duldsam ertragen und mich immer, jedes Mal, ohne Ausnahme, bei Tausenden von Texten (ich weiß, das Wort »immer« hätte gereicht) verdammt angestrengt. Und dennoch feile ich immer noch minutenlang an einzelnen Sätzen und übersehe Sätze, an denen ich minutenlang feilen müsste.

Leider werden auch Sie sich anstrengen müssen, wenn Sie gut schreiben wollen. Denn dieses Buch ist nicht wie ein Zahnarztbesuch. Der Zahnarzt tut Ihnen vielleicht weh, aber idealerweise ist danach Ihr Zahn wieder funktionsfähig. Wenn Sie mit diesem Buch fertig sind, können Sie immer noch nicht gut schreiben und reden. Sie wissen nur, wie es geht. Dann fängt das Üben an.

Erinnern Sie sich noch an meinen ersten Satz? Ich habe ein drittes Problem mit ihm. Er enthält das hässliche Wort »Mitteilung«. Wieso schreibe ich nicht einfach: *»Ich muss Ihnen etwas Betrübliches mitteilen: Schreiben ist scheißschwer.«*?

Damit sind wir im Bereich des Sprachgefühls. Ich mag das Wort »Mitteilung« nicht. Ich rate jedem, es zu vermeiden. Aber in meinem Satz finde ich den Kontrast zwischen der hochgestochenen »Mitteilung« und dem besagten Kraftausdruck gut. Deshalb bleibt der Satz so.

War das bis hierhin eigentlich eine Rede? Was meinen Sie? Taugt das für einen einleitenden Vortrag bei einem Kurs?

Ich finde: zu kompliziert, zu verschachtelt, zu lang.

Ich zeige Ihnen jetzt, wie ich es in meinen Kursen mache.

Nach der Vorstellungsrunde schreibe ich schweigend auf ein Flipchart: *»Mühe, Fleiß, Unzufriedenheit, Frust, Qual«.*

Ich wende mich den Zuhörern zu, natürlich weiterhin im Stehen, und fange meinen Vortrag in etwa wie folgt an:

»Ich muss Ihnen eine betrübliche Mitteilung machen: Schreiben ist scheißschwer. Es setzt sehr viel Mühe voraus, und mit Talent allein ist es nicht getan. Ich weiß, ich höre mich wie meine Oma an, aber: Ohne Fleiß, kein Preis. Das sage ich nicht, um Sie zu entmutigen, sondern im Gegenteil. Denn wenn Ihnen bewusst ist, wie schwierig Schreiben wirklich ist, dann machen Sie sich nicht fertig, wenn Sie keinen tollen Text aus dem Handgelenk schütteln.

Ich glaube, den meisten ist nicht bewusst, wie schwierig Schreiben ist. Wir schreiben unser ganzes Leben lang, in der Schule, im Studium, privat, und so halten wir es vielleicht für selbstverständlich, dass wir schreiben können. Wir kriegen ja auch kaum eine Reaktion darauf, wie gut wir schreiben. In der Schule werden wir zwar benotet, aber die Anforderungen entsprechen nicht denen in der Arbeitswelt. Nämlich das, was man sagen will, leicht verständlich auf den Punkt zu bringen.«

Dann trete ich wieder an die Tafel, blättere das Frust-Blatt um und schreibe auf das nächste Blatt: *»Freude, Lust, Befriedigung, Glück, Spaß«.*

Jetzt sage ich sinngemäß:

»Am Anfang ist ein weißes Blatt Papier. Dann füllt es sich mit Buchstaben. Und ergibt einen Sinn. Man kann durchs Schreiben Menschen informieren, überzeugen, begeistern. Man kann ihnen Freude bereiten. Für mich persönlich ist es ein unheimlich schönes Gefühl, am Schreibtisch zu sitzen und die ersten Sätze zu schreiben. Und noch schöner ist es, wenn ich merke, wie meine Sätze bei den Adressaten wirken. Also freuen Sie sich aufs Schreiben.«

Was halten Sie davon?

Besser wäre es natürlich, Sie würden meinen Vortrag erleben. Denn die Art und Weise, wie man redet, wie man sich gibt, macht einen Vortrag ja gerade aus. Wie ich das Wort »scheißschwer« betone. Wie ich Sie angucke, wenn ich über Fleiß rede. Wie meine Stimmung umschlägt, wenn ich über das leere Blatt spreche. Aber das geht nun mal gerade nicht. Also behelfen wir uns mit diesem Buch.

Bislang haben wir Folgendes erreicht: Sie geloben, sich fortan beim Schreiben von Reden anzustrengen.

Nun fragen wir uns, worum es uns beim Schreiben geht.

Schöner und überzeugender als ich es je könnte, schrieb dazu Rosa Luxemburg im Jahr 1889:

»Es ist ja alles so konventionell, so hölzern, so schablonenhaft. Unser Geschreibsel ist meistens kein Lied, sondern farbloses und klangloses Gesurr, wie der Ton eines Maschinenrades. Ich glaube, die Ursache liegt darin, dass die Leute beim Schreiben meistenteils vergessen, in sich tiefer zu greifen und die ganze Wichtigkeit und Wahrheit des Geschriebenen zu empfinden. Ich glaube, dass man jedes Mal, jeden Tag, bei jedem Artikel wieder die Sache durchleben, durchfühlen muss, dann würden sich auch frische, vom Herzen und zum Herzen gehende Worte für die alte bekannte Sache finden. [...] Ich nehme mir vor, beim Schreiben nie zu vergessen, mich für das Geschriebene jedes Mal zu begeistern und in mich zu gehen.«

Wann haben Sie sich beim Schreiben zum letzten Mal vorgenommen, zu begeistern oder zu Herzen gehende Worte zu finden?

Es fragt sich natürlich, ob Sie das überhaupt wollen. Es ist auch eine Frage des Typs. Wenn es zu Ihnen passt, tun Sie es.

Falls es Ihnen suspekt ist, mit so viel Herz an das Schreiben heran-
zugehen, biete ich Ihnen etwas Nüchternes an: Wann haben Sie sich
beim Schreiben zum letzten Mal vorgenommen, etwas zu bewirken?
Ich hoffe, Sie tun das immer. Denn darauf kommt es doch an: **Jeder
Text muss etwas leisten.**
Falls Ihnen keine Aufgabe gestellt worden ist, stellen Sie sich selbst
eine. Sonst können Sie sich die Arbeit sparen. Ich bin viel zu faul,
etwas zu schreiben, wenn ich damit nichts bewege. Also versuche ich,
so zu schreiben und zu reden, dass es etwas bewirkt. Tun Sie das auch.

Was mir ebenfalls wichtig ist: Wahrhaftigkeit.
Insbesondere Politiker sollten jetzt aufmerken. Nein, das war ein billi-
ger Scherz. Politiker sind nicht weniger wahrhaftig, als es alle anderen
an ihrer Stelle wären. Ich mag die pauschale Kritik an Politikern nicht.
Warum lösche ich diesen Absatz dann nicht? Ich hänge zu sehr an der
Formulierung: »*als es alle anderen an ihrer Stelle wären*«.

Ausgerechnet der Urvater der Reportage, Egon Erwin Kisch, ließ
sich zu einer Unwahrhaftigkeit hinreißen. Als er über den Brand der
Schittkauer Mühlen in Prag schrieb, berichtete er von zerlumpten
Obdachlosen, die sich um die Flammen drängten. So wollte er auf das
soziale Elend in der Stadt aufmerksam machen. Später räumte Kisch
ein: »*Ich hätte die Obdachlosenszene entdecken, nicht sie erfinden
dürfen.*«

Auch ich war als Journalist gelegentlich unwahrhaftig. Um effektvol-
ler zu sein. Dabei hatte ich nicht einmal ein schlechtes Gewissen. Ich
meinte es ja nur gut. Blöde Ausrede. Zum Glück hat es sich manchmal
gerächt. Wenn jemand sich beschwerte.

Als Pressesprecher des Deutschen Gewerkschaftsbundes (DGB) hatte
ich gute Vorsätze. Anfangs recherchierte ich sogar die Zahlen nach,
die in meiner Organisation kursierten. Bei den Arbeitgeberverbän-

den. Journalisten machen es schließlich auch so. Ich wollte auf der Grundlage von Zahlen argumentieren, über die sich alle einig sind. Ich war und bin davon überzeugt, dass ich als Pressesprecher in erster Linie der Gesellschaft gegenüber verantwortlich bin. Und die hat ein Anrecht darauf, redlich informiert zu werden. Verrückt? Vielleicht. Denken Sie einfach mal darüber nach.

Das mit dem Nachrecherchieren ließ ich bald. Die Reaktion der Kollegen von den Arbeitgeberverbänden war wenig ermutigend; sie schienen mich für bekloppt zu halten. Dazu kamen die Zeitnot und andere Ausreden.

Dabei sind wir alle klug beraten, uns glaubwürdig darzustellen. Das schafft Vertrauen. Und Vertrauen ist ein großes Kapital. Es ist schnell verspielt, aber es dauert lange, es wieder zu gewinnen.

Ich selbst versuche jedenfalls, möglichst korrekt zu sein. Dabei bin ich immer noch versucht, mir schöne Zitate selbst zuzuschreiben, zweifelhafte Behauptungen meiner Arbeitgeber ungeprüft zu übernehmen und zu übertreiben, um überzeugender zu wirken. Alles falsch. Eitel, egoistisch, dumm.

Wahrhaftigkeit bedeutet mehr, als Lügen zu vermeiden. Wahrhaftigkeit bedeutet, redlich zu sein, sich treu zu sein, sich darum zu bemühen, niemanden hinter die Fichte zu führen. Dazu gehört, nicht gedankenlos alles gutzuheißen, was der Arbeitgeber macht, und alles schlechtzureden, was von den Konkurrenten stammt. Klar, das ist eine Herausforderung. Wenn Sie versuchen, das umzusetzen, werden viele Kollegen den Kopf über Sie schütteln. Aber nicht Sie haben unrecht, sondern die.

Wahrhaftigkeit ist nicht nur aus ethischen Gründen empfehlenswert, sondern auch aus ästhetischen. Wenn Sie nicht wahrhaftig sind, verklausulieren Sie, schwafeln Sie, schweifen Sie ab. All das schadet

Ihnen. Wenn Sie wahrhaftig sind, wird Ihre Sprache besser. Wein lockert die Zunge, Wahrhaftigkeit lockert Rede und Schreibe. Der Kisch-Preisträger E.A. Rauter drückt es so aus: *»Der Grund jeden falschen Stils ist Unwahrhaftigkeit.«*
Zudem: Nur wenn Sie wahrhaftig sind, haben Sie wirklich etwas zu sagen. Ihr Lohn: Die Leute nehmen Sie wahr.
Wahrhaftigkeit ist die Voraussetzung für jeden guten Text.

Wenn Sie sich dagegen verbiegen, bleibt das nicht unbemerkt. Wie bei Lügnern, die vor Gericht nicht fest auf dem Hintern sitzen. Sie heben häufig eine Gesäßbacke an, als wollten sie vor ihren eigenen Lügen davonlaufen.
Diese schöne Erkenntnis habe ich dem juristischen Lehrbuch »Tatsachenfeststellung vor Gericht« von Bender/Röder/Nack entnommen. Dort finden sich weitere Sätze, die sich vor allem Pressesprecher und ihre Chefs zu Herzen nehmen sollten.
Das Wort »absurd«, heißt es zum Beispiel, tauche *»auffallend oft in verlogenen Aussagen auf«*. Nicht jeder, der es benutzt, lügt, sollte aber wissen, dass es misstrauisch machen kann. Das Gute an dieser Erkenntnis ist: Wenn sie beherzigt wird, dürfte sich die Hälfte aller Pressemitteilungen von Parteien, Gewerkschaften und Unternehmerverbänden erledigt haben. Denn der Gehalt vieler Pressemitteilungen scheint auf dem Wort »absurd« zu gründen. Weitere Lügensymptome sind laut Bender/Röder/Nack: *»Entrüstung«*, *»Kargheit der Aussage«*, *»Abstraktheit«*, *»Unbestimmtheit«*, *»Übertreibung«*, *»Unklarheit«*. Alles gängige Ausdrucksformen politischer Kommunikation.

»Aber«, mögen Sie einwenden, »was, wenn mein Arbeitgeber von mir Schönrednerei verlangt?«
Aus meiner Praxis weiß ich: Es ist nicht immer ausgemacht, was der Arbeitgeber wirklich will. Sie haben Spielraum. Wenn nicht, kämpfen Sie. Schreiben Sie, was gut ist, nicht, was aus falschen Gründen von

Ihnen erwartet wird. Zeigen Sie Charakter. Zeigen Sie, dass Sie zu den Guten gehören. **Haben Sie Arsch in der Hose!**

Ja, auch das gehört zum Schreiben dazu: Mut. Mut zur Wahrheit. Mut, sich gegen Widerstände durchzusetzen. Ich gebe zu, dabei können Sie auf die Schnauze fallen. Aber Sie können auch viel gewinnen.

2. HANDWERK

Warum Wörter mit der Endung »ung« blöd sind. Warum Adjektive bescheuert sein können. Warum von mir erwartet wird, aktiv zu schreiben. Und warum es Allgemeingut sein sollte, dass Verben die Krönung der Wortschöpfung sind.

Das Erfreuliche ist: Es gibt nur ein paar Regeln, die man sich für gutes Schreiben merken muss. Ich könnte sie Ihnen in ein paar Sätzen nennen. Es gibt sogar einen Schlüssel, mit dem Sie selbst die kompliziertesten Sätze geradebiegen. Er besteht aus drei Wörtern. Ich bringe ihn am Ende dieses Kapitels.

Sie können sich zusätzlich »Deutsch für Profis« von Wolf Schneider besorgen. Falls Wolf Schneider beim Lesen dieses Kapitels monieren sollte, ich hätte einiges von ihm abgekupfert, kann ich nur sagen: Stimmt. Aber soll ich das Rad neu erfinden?
Ich schlage Ihnen folgendes Vorgehen vor: Ich nenne Ihnen ein schlechtes Beispiel, und Sie überlegen sich, welche Regel sich daraus ableiten lässt.
Für alle Regeln gilt: Sie sind nicht in Stein gemeißelt. **Stellen Sie Regeln infrage.** Sie sollen Ihnen helfen, nicht Sie behindern.

1. Regel

Meine erste Regel ist nun wirklich nicht die wichtigste. Aber sie liegt mir am Herzen. Indem ich sie an den Anfang stelle, können Sie ihr nicht entkommen.

»Die Bundesregierung hat die Energiewende, die sie groß angekündigt hat, total verschlafen und dadurch eine gute Zukunft für unser Land unsäglich gefährdet.«

Was stört Sie an diesem Satz?
Richtig, die *blöden* Adjektive.
Die Regel lautet also: **Vermeiden Sie Adjektive.**
Wie könnte der Satz besser lauten?

»Die Bundesregierung verschläft die von ihr gepriesene Energiewende. Damit gefährdet sie die Zukunft unseres Landes.«

Ich spüre geradezu körperlich Ihren Widerspruch. Das ist doch das Geschäft: Angreifen. Positionen leidenschaftlich vertreten. Und dabei halt mal überziehen.
Stimmt schon. Aber braucht man dafür *blöde* Adjektive? Viele Adjektive sind *total* überflüssig. Sie überfrachten Sätze und zeigen nur, wie nachlässig der Autor mit Sprache umgeht.
Aber das ist mein geringstes Problem mit Adjektiven. Adjektive sind häufig peinlich. Weil sie kraftmeiern. Weil sie Informationen ersetzen. Und Argumente. Die Konkurrenten machen grundsätzlich *absurde* und/oder *unverantwortliche* Vorschläge. Gähn.
Glauben Sie nicht, das macht nichts. Es kann Ihnen schaden. Ja, was Sie schreiben, ist häufig nicht nur wirkungslos. Damit wären Sie gut bedient. Es kann auch negativ auf Sie zurückfallen. Es kann Sie als Leichtgewicht ausweisen. Als überheblich. Als undifferenziert.

Lassen Sie Superlative. Eine Ungerechtigkeit ist nicht immer *die größte*. Ein Fehlverhalten nicht immer *das schlimmste*. Sie machen sich unglaubwürdig mit dem häufigen Gebrauch von Superlativen. E.A. Rauter schreibt:

»Der Superlativ ist ein Kommentar von der billigen Sorte. Er hat kein Nachdenken gekostet und keine genaue Beobachtung. Superlative setzt man an wie Fett.«

Das ständige Selbstlob durch Adjektive ist auch nicht besser. Es signalisiert, dass man nicht mit einem ernst zu nehmenden Text rechnen kann. So zum Beispiel, wenn Pressesprecher reflexartig die jüngste *fantastische* Veranstaltung bejubeln, zumindest die *sehr erfolgreiche*. Selbst wenn es so gewesen sein sollte: Lassen Sie die Leser oder Zuhörer entscheiden. Liefern Sie stattdessen die Fakten, die ein solches Urteil ermöglichen. Das ist natürlich anstrengend. Ich sag's ja: Schreiben ist scheißschwer.

Vermeiden Sie also Adjektive. Jedenfalls die falschen. Und damit sind wir bei den Ausnahmen. Denn Adjektive sind natürlich notwendig. Ich nutze ständig welche, wie Ihnen nicht entgangen sein dürfte. Ich plädiere nur dafür, zwischen passenden und unpassenden zu unterscheiden.
Jemand sagt: »Die Landschaft ist schön.« Na und? Kann ich mir nichts drunter vorstellen. Man muss jemandem schon sehr vertrauen, wenn man sich mit solchen Adjektiven abspeisen lässt.
Aber wenn jemand von majestätischen Palmen spricht, von kristallklarem Wasser, mit bunten Fischen drin, dann ist es etwas anderes. Dann denke ich als Zuhörer: Das ist ja schön.
Wahrscheinlich haben Sie es gemerkt: Ich habe drei Adjektive benutzt. »Majestätisch«, »kristallklar« und »bunt«. Das sind keine wertenden Adjektive. Sondern beschreibende. Sie machen Sinn. Sie sind fast so gut wie Verben.

Ich hatte mal in einer Wahlkampfrede geschrieben: »**Die CDU wird immer sozialdemokratischer.**« Dafür schäme ich mich nicht. Aber besser, wesentlich besser als das von mir gebrauchte Adjektiv ist das, was das »Handelsblatt« geschrieben hat (12.3.2012): »**Die CDU schmiegt sich an die SPD wie die Katze ans Herrchen.**« Wow. Da muss man erst mal drauf kommen. Man muss sich aber auch darum bemühen.

2. Regel

»*Unter dem Leitgedanken ›Versöhnung über den Gräbern‹ hat es sich der Volksbund zur Aufgabe gemacht, an den Gräbern der Opfer von Krieg und Gewaltherrschaft verstärkt junge Menschen, die kaum noch familiären Bezug zum Krieg haben, für die Folgen von Krieg, Gewalt und Vertreibung zu sensibilisieren.*«

Was stört Sie an diesem Satz?
Richtig, er ist zu lang. Er hat 298 Zeichen.
Die Regel lautet also: **Fassen Sie sich kurz.**
Wie könnte der Satz besser lauten?

»*Der Volksbund will unter dem Gedanken ›Versöhnung über den Gräbern‹ junge Menschen für die Folgen von Krieg und Vertreibung sensibilisieren.*«

Das sind 140 Zeichen. Reichen auch.

Im Mainzer Institut für Publizistik lehrt Professor Volker Wolff. Die »FAZ« schreibt über ihn (5.6.2014), er strahle »*etwas Lustig-Autoritäres aus*«, wenn er unsägliche Sätze ankreide, die sich über elend lange Zeilen schlängelten. Dabei würden ihn die vielen Schachtelsätze gewaltig fuchsen.

»Das ist nicht mehr Dienst am Leser«, sagt der Professor, *»das ist Körperverletzung und Arroganz gegenüber dem Leser!«*
Gut, dass er so rabiat ist. Da brauche ich mich mal nicht selbst unbeliebt zu machen.

Gerade die »FAZ«, in der Professor Wolff zu Wort kommt, fällt durch Schachtelsätze auf. Aus einem Kommentar vom Juli 2014:

»Noch schlimmer ist es allerdings, die Verteilungskonflikte gleich der ganzen Welt auf dem Rücken der Flüchtlinge auszutragen. Hier kommt das nicht ganz so ehrenwerte Motiv ins Spiel. Denn solange die praktischen Probleme – die Unterbringung ist nur eines davon, wenn auch in Deutschland derzeit das größte – nicht wahrgenommen, geschweige denn gelöst werden, wird rhetorische Flüchtlingshilfe zur moralischen Masche.«

Wie könnte der letzte Satz besser lauten?

»Denn solange praktische Probleme wie die Unterbringung nicht gelöst werden, wird rhetorische Flüchtlingshilfe zur moralischen Masche.«

Der Satz gefällt mir inhaltlich nicht. Aber so ist er wenigstens leichter zu verstehen.

Seitdem ich Wolf Schneider das erste Mal gelesen habe, und das war vor rund zwanzig Jahren, weiß ich: Die Nachrichtenagentur dpa hat mal neun Wörter als Obergrenze der optimalen Verständlichkeit eines Satzes bezeichnet. Neun Wörter.
Der Tübinger Sprachwissenschaftler Erich Straßner traut unserem Kurzzeitgedächtnis beim Zuhören sieben bis vierzehn Wörter zu.
In Ludwig Reiners' »Stilfibel« liegt die Grenze des Erwünschten bei achtzehn Wörtern.

Bietet jemand mehr?

Fangen Sie bloß nicht an, Wörter zu zählen. Die Regel lautet ja nicht: Schreiben Sie kurze Sätze, sondern: **Fassen Sie sich kurz.** Ihre Sätze dürfen also ruhig länger als ein Zeigefinger sein – solange sie nicht zu lang sind, um leicht verständlich zu sein. Außerdem wäre es fatal, wenn Sie einen kurzen Satz an den anderen reihen würden. Das klänge wie bei der Bundeswehr.

Da Sie aber eh tendenziell zu lange Sätze bilden und nicht jeder über die Gabe verfügt, lange Sätze verständlich zu schreiben, bleibt es dabei: **Fassen Sie sich kurz.**

3. Regel

»Durch Torwart Manuel Neuer wird ein Elfmeter verwandelt.«

Was stört Sie an diesem Satz?

Dass Bayern München ein Tor schießt.

Und sonst? Richtig, er ist passiv.

Die Regel lautet also: **Schreiben Sie aktiv.**

Wie könnte der Satz besser lauten?

»Torwart Manuel Neuer verwandelt einen Elfmeter.«

Ein weiteres Beispiel:

»Die Gesellschaft wird durch die Regierung vorangebracht: Der Atomausstieg wird beschlossen, erneuerbare Energien werden vorangetrieben, die Einbürgerung von Ausländern wird erleichtert und gleichgeschlechtliche Lebenspartnerschaften werden ermöglicht.«

Wie könnte der Satz besser lauten?

»Die Regierung bringt die Gesellschaft voran: Sie beschließt den Atomausstieg, treibt erneuerbare Energien voran, erleichtert die Einbürgerung von Ausländern und ermöglicht gleichgeschlechtliche Lebenspartnerschaften.«

Der Satz hört sich auf einmal gar nicht mehr so schlecht an. Warum das so ist, erklärt die nächste Regel:

4. Regel

»Der Sonntag, an dem ich Weltmeister wurde, begann wie jeder Sonntag: Die Glocken schlugen mich wach, zerhackten die Traumbilder, prügelten auf beide Trommelfelle, hämmerten durch den Kopf und droschen den Körper, der sich wehrlos zur Seite drehte.«

Der Satz stammt aus »Der Sonntag, an dem ich Weltmeister wurde« von Friedrich Christian Delius.
Was ist schön daran?
Richtig, die vielen kraftvollen Verben.
Die Regel lautet also: **Benutzen Sie Verben.**
Verben sind die schönsten Wörter der deutschen Sprache.
Noch ein Beispiel gefällig? Max Goldt schreibt in einem Text für die »Süddeutsche Zeitung« (10.3.2012) über schlechte Redner: *»Sie sägen ihre Worte regelrecht in die wehrlose Luft.«*
»Sägen«, schreibt der Mann. Machen Sie das nach.

Der Renner beim Dünensingen auf meiner Lieblingsinsel Spiekeroog ist das Lied »Rosalinde«. Es geht darum, dass jemand sehnsüchtig auf Rosalinde wartet. Rosalinde ist ein unkonventioneller Wirbelwind. Das Lied endet mit den Worten:

»Da, die Tür fliegt auf, sie ist es/
lacht und schüttelt den Regen ab/
schmiert ein Käsebrot und isst es/
leckt sich dann die Finger ab.«

Grandios, wie viele Verben in diesen kurzen Zeilen stecken. Und was für welche. Die Tür geht nicht auf, sie fliegt.

Ach, ich könnte endlos so weitermachen. Kraftvolle Verben sind einfach zu schön.

5. Regel

Stellen Sie sich vor, Sie sind brennend an dem Ergebnis eines Tennis-Endspiels von Sabine Lisicki gegen Serena Williams interessiert. Stellen Sie sich noch besser vor: Sie sind die Mutter von Sabine Lisicki. Sie hören die Nachrichten, in denen das Ergebnis des Spiels verkündet wird. Und zwar so:

»Im Finale des mit zwei Millionen Dollar dotierten Grand-Prix-Turniers in Melbourne hat Sabine Lisicki gegen die Weltranglistenerste Serena Williams nach hartem, zweieinhalbstündigem Kampf in drei Sätzen 4:6, 6:4, 6:4 gewonnen.«
Was stört Sie an diesem Satz?
Richtig, Sie erfahren zu spät, worauf es ankommt.
Die Regel lautet also: **Verben nach vorn.**
Wie könnte der Satz besser lauten?

»Sabine Lisicki hat die Australian Open gewonnen. Im Finale des Grand-Prix-Turniers in Melbourne schlug sie die Weltranglistenerste Serena Williams nach hartem Kampf mit 4:6, 6:4, 6:4. Das Preisgeld betrug 2 Millionen Dollar.«

Das Verb steht in dieser Variante zwar am Ende eines Satzes. Aber eines kurzen Satzes. Das reicht. Kluge Köpfe haben das Gesetz der drei Sekunden erfunden. Satzteile, die zusammengehören, sollen nicht länger als drei Sekunden Lesedauer auseinanderliegen. Recht haben sie. Aber fangen Sie bloß nicht an, Sekunden zu zählen.

Hätte ich das Verb noch weiter nach vorne ziehen können? *»Sabine Lisicki gewinnt die Australian Open.«* Oder: *»Sabine Lisicki gewann die Australian Open.«* Geht leider nicht. Im ersten Satz sollte es *»hat ... gewonnen«* heißen. Damit klar ist, dass Sabine Lisicki das Spiel gerade gewonnen hat und nicht erst im Begriff ist, es zu gewinnen, oder es irgendwann mal gewonnen hat.

In der Literatur ist das anders. Da beginnt Günter Grass sein Buch »Der Butt« mit dem Satz: *»Ilsebill salzte nach.«* Oft wird dieser Satz als einer der schönsten ersten Sätze der Literaturgeschichte gepriesen.

Noch ein Beispiel:

»Außerdem fordere ich, den Hochfrequenzhandel, also das von Computerprogrammen im Nanosekundenbereich betriebene Wertpapiergeschäft, zu verbieten.«
Wie könnte der Satz besser lauten?
Machen Sie es diesmal wirklich selbst. Beherzigen Sie einfach die Regel **Verben nach vorn**. Dann geht's ganz leicht.

»Ich fordere außerdem, den Hochfrequenzhandel zu verbieten, also das von Computerprogrammen im Nanosekundenbereich betriebene Wertpapiergeschäft.«

6. Regel

»Die Verteilung der Mittel erfolgt durch den Gemeinderat.«

Was stört Sie an diesem Satz?
Richtig, das Wort mit dem Wortteil »ung«.
Die Regel lautet also: **Weg mit den Ungungen.**
Wie könnte der Satz besser lauten?

»Der Gemeinderat verteilt die Mittel.«

Mir selbst unterlaufen immer wieder Wörter mit »ung«. Dieses Buch ist voll davon. Aber ich bemühe mich redlich, sie zu killen. Indem ich sie durch ein Verb ersetze.

Ein weiteres Beispiel:

»Ich habe die Erwartung, dass sich Berlusconi entschuldigt.«

Wie könnte der Satz besser lauten?

»Ich erwarte, dass sich Berlusconi entschuldigt.«

Was für ein Unterschied. Der Satz ist nicht nur schöner, sondern auch kraftvoller. Falls Sie ein Diplomat sein sollten, bleiben Sie vielleicht doch bei der »Erwartung«.
Hier noch ein schönes Fundstück zum Thema aufgeblasene Hauptwörter. Von Bastian Sick, dem mit dem Buch »Der Dativ ist dem Genitiv sein Tod«:

»Substantive haben Kraft, sie signalisieren Entschlossenheit und suggerieren Sachverstand. Substantive sind männlich, selbst wenn sie weiblich sind. Sie sind mächtig. Wer mitmischen will da oben,

braucht Substantive. Viele. Am besten einen ganzen Koffer voll. Koffer kommen in Politikerkreisen immer gut an. Hinter Substantiven kann man sich auch gut verstecken. Wenn man selbst eigentlich keinen Plan hat oder im Zweifel ist, ob man die richtige Entscheidung getroffen hat, dann kann man seine Unsicherheit durch Errichtung eines Palisadenzauns aus Nomen geschickt verbergen.«

Danke, Herr Sick.

Und hier noch ein Tipp, um nicht zu sagen eine weitere Regel. Mein ganz persönlicher Tipp, nicht wissenschaftlich fundiert, aber immer wieder sinnvoll: **Nicht mehr als fünf Hauptwörter pro Satz.**
Natürlich gibt es Ausnahmen, wenngleich wenige. Zum Beispiel, wenn Sie in einem Satz die sechs größten Hauptstädte der Welt aufzählen.

7. Regel

»Ich bin gestern ganz schön ins Schwitzen geraten, weil unser Haus abgebrannt ist.«

Was stört Sie an diesem Satz?
Richtig, die Hauptsache kommt zu spät.
Die Regel lautet also: **Hauptsachen in Hauptsätze. Nebensachen in Nebensätze.**
Wie könnte der Satz besser lauten?
»Gestern ist unser Haus abgebrannt, wobei ich ganz schön ins Schwitzen geraten bin.«

Noch besser wäre:

»Gestern ist unser Haus abgebrannt. Dabei bin ich ganz schön ins Schwitzen geraten.«

Ein Meister der Hauptsätze ist E.A. Rauter. Allein auf den ersten neun Seiten seines Buches »Vom Umgang mit Wörtern« finden sich folgende bemerkenswerte Hauptsätze. Sätze, die dank ihrer Kürze Merksätze sind. Die sich einprägen. Die Gewicht haben.

»Schreiben ist eine besonders intensive Form des Nachdenkens.«
»Guter Stil zeichnet sich durch Deutlichkeit aus.«
»Mutlosigkeit ist eine Folge von Nichtwissen.«
»Ein Satz bezieht seine Überzeugungskraft aus der Wirklichkeit.«
»Alles Überflüssige senkt die Aufmerksamkeit.«
»Das Überflüssige ist auch das Hässliche.«
»Ohne Gefühle hat man zum Schreiben keinen Grund.«
»Schreiben ist eine ethische Leistung oder keine.«
»Die Wahrheit ist immer konkret.«

Hauptsätze zeigen, ob man etwas zu sagen hat oder nicht. Sie sind kein Gestrüpp, hinter dem man sich verstecken kann. Sie sind wie offene Handflächen.

8. Regel

»Wir wollen das Demokratiedefizit beheben, indem wir das Primat der Politik vor der Wirtschaft wieder herstellen; dazu gehört auch die Forderung: Keine ESM-Mittel für Pleite-Banken mehr.«

Was stört Sie an diesem Satz?
Richtig, eine ganze Menge. Jedenfalls das Fremdwort »Primat« und die Abkürzung »ESM«. Vielleicht stört Sie ja auch das Wort »Demokratiedefizit«.

Die Regel lautet also: **Benutzen Sie verständliche Wörter.** Genauer: **Möglichst keine Abkürzungen, keine Fremdwörter, keine abstrakten Begriffe.** Kurz gesagt: **Schreiben Sie nicht elitär.**

Ich schrieb einmal in einem Zeitungsartikel von »*PKWs*«. Da riet mir der Redakteur, hallo Tom: Abkürzungen immer aussprechen. Was heißt dann PKWs? Eben.

Am besten, Sie vermeiden Abkürzungen. Da es aber lästig ist, ständig »*Finanzmarktstabilisierungsfonds*« zu schreiben, dürfen Sie »*FMS*« schreiben, allerdings nur, wenn Sie »*Finanzmarktstabilisierungsfonds*« vorher einmal ausgeschrieben haben.

Neuerdings lesen wir ständig von »Austerität«. Ich hab's irgendwann nachgeschlagen. Jetzt weiß ich zwar, was es heißt, ärgere mich aber trotzdem jedes Mal darüber. Den Gebrauch solcher Fremdwörter halte ich für elitär. Wer sie benutzt, schert sich einen Teufel darum, verstanden zu werden, und richtet sich nur an eine Minderheit der Bevölkerung. Wie viele Menschen wissen, was »Austerität« heißt?

Ähnlich ist es mit »Primat«. Wie heißt eigentlich der dazugehörige Artikel? Der, die oder das Primat? Trotzdem schleudern selbst Parteien wie die SPD – die Partei der Arbeiter – mit solchen Begriffen um sich. Empörend! Ich gebe zu, es ist nicht ganz leicht, das Wort »Primat« zu ersetzen. Aber dann ist es halt mal nicht leicht. Der Duden empfiehlt: »Vormacht, Vorrang«.

Also: »*Die Politik muss die Vormacht vor der Wirtschaft haben.*«? Nein.

Oder: »*Die Politik muss Vorrang vor der Wirtschaft haben.*«? Vielleicht.

Mein Vorschlag: »*Politik muss das Sagen haben, nicht die Wirtschaft.*«

Bemühen Sie sich. Machen Sie es Ihren Lesern und Zuhörern leicht. Heben Sie sich nicht von ihnen ab. **Seien Sie verdammt noch mal nicht elitär.**

Am Tag, als Bayern München Meister wurde, schaltete eine Fluggesellschaft eine Anzeige in der »Bild am Sonntag«. Darin hieß es: *»**Der Official Carrier des FC Bayern München gratuliert zur Meisterschaft.«** Official Carrier! In der »Bild am Sonntag«! Ob mal jemand von den Verantwortlichen darüber nachgedacht hat, wer das überhaupt versteht? Ich versteh's jedenfalls nicht. Denn warum sollte ein offizieller Karren dem FC Bayern München zur Meisterschaft gratulieren?

Die SPD kommt ja gerne mit ihrem Dreiklang Freiheit, Gerechtigkeit und Solidarität. Aber nützt es zu sagen: Die SPD steht für Gerechtigkeit, die CDU nicht? Nein, man muss sagen, was gerecht ist und was nicht. Zum Beispiel:

»Wenn die SPD Erbsensuppe ausschenkt, sind in jedem Schöpflöffel genau sechs Erbsen. Bei der CDU sind es zwischen eins und zehn. Ungerecht!«

»Demokratiedefizit« steht in meinem Beispielsatz vom Anfang der 8. Regel. Das ist natürlich ein unschönes Wort. Aber darum geht es mir jetzt nicht. Es geht um den Gebrauch abstrakter Begriffe wie »Demokratie«. Demokratie, da sind wir uns hoffentlich einig, ist für Deutschland eine gute Sache. Ob auch für alle anderen Länder, sei dahingestellt. Bitte nicht zu lange darüber nachdenken. Mir geht's nicht um Weltpolitik, sondern um abstrakte Begriffe. Dazu hat der FDP-Politiker Wolfgang Kubicki über Ostern 2012 etwas Bemerkenswertes gesagt:

»Mit abstrakten Begriffen wie Freiheit oder Verantwortung kommen wir nicht weiter.« Und: *»So, wie die FDP den Begriff Wachstum derzeit propagiert, können die Leute damit wenig anfangen. Was soll das denn sein? Familienwachstum? Haarwachstum? Wir müssen diese abstrakten Begriffe mit nachvollziehbaren Inhalten füllen. Daran mangelt es.«*

9. Regel

»Wir werden unseren Kurs der zeitnahen Transparenz fortsetzen und uns unvermindert für zielführende Reformen des Finanzsystems insgesamt einsetzen.«

Das sagte der damalige Chef der Deutschen Bank, Josef Ackermann, vor Aktionären im Sommer 2008. Darauf bin ich in dem hervorragenden Buch »Der Sprachverführer« von Thomas Steinfeld gestoßen.

Was stört Sie an diesem Satz?
Richtig, alles. Er widert einen an.
Die Regel lautet also: **Verkackeiern Sie nicht.**
Steinfeld würde moderater sagen: **Vermeiden Sie Phrasen.**
Wie könnte der Satz besser lauten?

Keine Ahnung. Er lässt sich nicht übersetzen. Außerdem wäre das Beihilfe zum Betrug.
Was will Ackermann mit seinem Satz sagen? Beziehungsweise: Was will er nicht sagen? Steinfeld folgert, »zeitnahe Transparenz« heiße: »nicht sofort«. »Transparenz« heiße nicht »Wahrheit«. »Zielführend« sei hohl.

Steinfeld urteilt weiter: Dieser Satz richte sich gegen die Öffentlichkeit, und zwar aus dem Bedürfnis, sie sich so weit wie möglich vom

Leib zu halten. Dem Redner komme es vor allem auf eins an: »*die Ermächtigung, weiter seinen Geschäften nachgehen zu können*«. Und: »*sich des Gehorsams der Zuhörer zu versichern*«.

Bitte überprüfen Sie daraufhin Ihre eigenen Texte. Verarschen Sie auch? Oder moderater ausgedrückt: Verstecken Sie die Wahrheit?

Dazu noch ein bedenkenswerter Satz von Karl Kraus, den ich auch in Steinfelds »Sprachverführer« gefunden habe: »*Wenn die Menschheit keine Phrasen hätte, bräuchte sie keine Waffen.*«
Bitte denken Sie darüber nach. Was Sie schreiben, ist vielleicht wichtiger, als Sie denken.

10. Regel

Vorab möchte ich bemerken, dass es reiner Zufall ist, dass ich auf zehn Regeln komme. Es stört mich geradezu. Es erinnert mich an die üblichen aufgeblasenen Zehn-Punkte-Pläne. Natürlich könnte ich die Zahl meiner Regeln ändern. Ich könnte aufstocken. Zum Beispiel mit der Regel: **Meiden Sie Synonyme.** Das brächte mir allerdings Ärger mit Generationen von Lehrern ein. Denn außer Rechtschreibung, sage ich reichlich polemisch, aber aus ganzem Herzen, lernen Schüler im Deutschunterricht ja nur noch dies: Synonyme verwenden. Und daran klammern sie sich ihr Leben lang. Sie variieren das grandios neutrale Wort »sagt« mit »behauptet«, »erklärt«, »meint« oder sonstigem und machen den »Hund« zum »Vierbeiner« sowie den »Pfarrer« zum »Schwarzrock«. Selbst Journalisten schreiben ständig von der »Brühlerin«, die allerdings in Mannheim geboren ist. Und das alles nur, um dem Befehl aus dem Deutschunterricht zu gehorchen: Wiederhol dich nicht.
Aber wie gesagt, ich will es bei zehn Regeln belassen.

Dabei könnte ich die Zahl der Regeln auch eindampfen. Denn einige meiner zehn Regeln sagen das Gleiche aus.

Die Regel **Weg mit den Ungungen** läuft auf die Regel hinaus: **Verben benutzen.**

Die Regel **Adjektive vermeiden** läuft ebenfalls auf die Regel hinaus: **Verben benutzen.**

Und gleich drei Regeln – **Schreiben Sie aktiv, Verben benutzen** und **Verben nach vorn.** – werden durch die folgende Regel abgehandelt:

»Die EU soll abgeschafft werden, wird von Putin gefordert.«

Was stört Sie an diesem Satz?

Richtig, er ist passiv. Und das entscheidende Verb ist nicht vorn. Aber das hatten wir ja schon. Hier ist die Regel, die beide Regeln vereint. Die der Schlüssel dafür ist, schiefe Sätze geradezurücken. Sie lautet: **Subjekt, Prädikat, Objekt.**

Wenn Sie nach dieser Regel vorgehen, schreibt sich der Beispielsatz von allein.

Wie also?

*»**Putin** [Subjekt] **fordert** [Prädikat], **die EU** [Objekt] **abzuschaffen**.«*

Wenn wir mit dem Subjekt anfangen, fangen wir damit an, was uns am meisten interessiert: dem Menschen.

TEIL II
REDENSCHREIBEN

1. WORUM ES BEIM REDENSCHREIBEN GEHT

Warum Kurt Tucholsky mit seinen Ratschlägen zu kurz hopst. *Warum Sie die Menschheit aufrütteln sollten – oder zumindest Tante Erna. Und warum Sie kein Dackel sein sollten.*

Wir haben in den ersten beiden Kapiteln gelernt zu schreiben. Jetzt lernen wir, Reden zu schreiben.

Eigentlich ist es ganz einfach. Da die Zuhörer nicht nachlesen können, was Sie von sich geben, müssen Sie sich als Redenschreiber besonders kurz fassen. Sie schreiben also wie im Kapitel »*Handwerk*« beschrieben und streuen mit dem Salzstreuer mehr Punkte ein.

Nein, so einfach ist es doch nicht. Wenngleich ich mit dieser flapsigen Bemerkung auf einen wesentlichen Punkt hinweisen will: Zuhörer lassen sich leichter ablenken als Leser. Und sie können nicht nachlesen. Die gesprochenen Sätze sollten daher noch klarer sein. Andererseits können die tollkühnsten Sätze durch tolle Betonung toll wirken.

Sehn wir mal, was Kurt Tucholsky den Rednern rät:

»Hauptsätze. Hauptsätze. Hauptsätze. Klare Disposition im Kopf – möglichst wenig auf dem Papier. Tatsache oder Appell an das Gefühl. Schleuder oder Harfe. Ein Redner sei kein Lexikon. Das haben die Leute zu Hause.
Der Ton einer einzelnen Sprechstimme ermüdet; sprich nie länger als vierzig Minuten. Suche keine Effekte zu erzielen, die nicht in deinem Wesen liegen. Ein Podium ist eine unbarmherzige Sache –

da steht der Mensch nackter als im Sonnenbad. Merke Otto Brahms Spruch: Wat jestrichen is, kann nich durchfalln.«

Liest sich gut, stimmt alles. Aber können Sie jetzt Reden schreiben?

Reden sind ja wohl mehr, als Fehler zu vermeiden. Gute Reden sind mehr als Handwerk. Mehr als Hauptsätze. Mehr als klare Disposition im Kopf. »Disposition« heißt übrigens … Moment, ich gucke es eben im Lexikon nach: »Anordnung, Verfügenkönnen, Planung …« Also nehmen wir »Plan«.
Gute Reden haben Rhythmus, Dramaturgie, Sprachwitz und Sprachgewalt. Uff, Glück gehabt, der Satz hat nicht mehr als fünf Hauptwörter.
Oder um es mit Verben zu sagen: Sie rollen wie die Wellen, schaukeln das Kind in der Wiege, stampfen mit den Füßen, lüften die Socken aus, befreien den Vogel aus dem Käfig, versprechen einen goldenen Morgen.
Na ja.
Oder so: Gute Reden regen an, stacheln auf, lüften durch, schlagen ein, richten auf. Reden können einen mitreißen, einem die Nackenhaare aufstellen, einen schaudern lassen, einen zu einem besseren Menschen machen. Sie können Unternehmen stürzen und Unternehmen retten. Kriege entfachen und Frieden schaffen. Vielleicht sogar Kriege gewinnen. Ich denke dabei an Churchills Blut-Schweiß-und-Tränen-Rede. An bestimmte Reden erinnert sich die Menschheit eine Ewigkeit. Und wenn sich die Verwandtschaft von Tante Erna noch Jahre später gerührt an die Rede zu ihrem fünfzigsten Geburtstag erinnert, ist damit auch viel gewonnen.

Gute Reden schlagen ein Band zwischen dem Redner und den Zuhörern. Gute Reden lassen das Herz für Sie höher schlagen.
Das merken Sie schon an den Gesichtern im Publikum. Wenn Sie ein Mann sind, ist da garantiert eine Frau, die Sie verzückt anguckt.

Schauen Sie immer wieder zu ihr hin, es beflügelt Sie. Und als Frau finden Sie wahrscheinlich einen Mann im Publikum, der Sie verzückt ansieht, aber das kann ich nur vermuten. Lassen Sie sich als Redner dieses Gefühl nicht entgehen.

Dafür müssen Sie natürlich etwas tun. **Seien Sie mutig.**
Streben wir Menschen nicht unaufhörlich danach, etwas besser zu machen? Besser machen heißt, etwas zu verändern. Das bedeutet zwangsläufig, andere in ihrer Bequemlichkeit zu stören. Wer dazu nicht bereit ist, sollte lieber keine Reden halten.
Der ehemalige Oberbürgermeister von Stuttgart, Manfred Rommel, hat mal gesagt: »*Wer jedermanns Liebling sein will, wird zu jedermanns Dackel.*«
Vermeiden Sie, zum Dackel zu werden. Wer weiß, ob Ihnen Hundefutter schmeckt.

Insofern habe ich wenig Verständnis dafür, wenn Redner langweilige Reden halten. In denen sie gar nicht erst versuchen, anderen ihre Meinung zu verklickern. In denen sie nur versuchen, sich keine Blöße zu geben. Was für eine Verschwendung. Was für ein Armutszeugnis.
Es tut mir nicht nur um die Zuhörer leid, die sich langweilen. Sondern auch um die Redner. Um die große Chance, die sie vergeben. Bei jedem Auftritt wieder. Denn jede Rede, egal wo, egal zu welchem Anlass, kann Menschen für die Redner und für eine Sache einnehmen – oder eben nicht.

Bei Reden können Sie nicht nur gewinnen, Sie können auch verlieren. Je mehr Sie Ihre Zuhörer langweilen, desto mehr verlieren Sie das, worauf es Ihnen ankommt: Ansehen.

Genug geredet. Lassen Sie uns loslegen.

2. RECHERCHIEREN

*W*arum Sie ganz lange keine Zeit haben werden, mit dem Schreiben der Rede anzufangen. Warum Sie vor dem Schreiben erst mal reden sollten. Warum es darauf ankommt, nach Menschen zu suchen. Und warum ein Bücherregal in Ihrem Büro nicht schaden kann.

Bevor Sie auch nur das erste Wort niederschreiben, haben Sie gut zu tun; einen halben Tag, zwei Tage, eine ganze Woche oder mehr. Sie machen das, was jeder Journalist tun würde: recherchieren. Mit anderen Worten: Sie sammeln Informationen und Emotionen.

Vielen Reden merkt man an, dass keine Mühe dahintersteckt. Und somit kein Respekt vor den Zuhörern. Die Autoren verwursten lediglich das ohnehin vorhandene Wissen der eigenen Organisation. Sie schreiben aus Broschüren und sonstigen Papieren zusammen, was ihnen selbst schon aus den Ohren herauskommt. Manchmal finden sie neue, gelungene Formulierungen, aber wichtiger wäre, etwas Neues, Gelungenes zum Formulieren zu finden.

Ich weiß, Sie glauben, wenig Zeit zu haben. Ein Termin jagt den nächsten. Dann sagen Sie halt die Rede ab. Denn Sie wollen ja nicht riskieren, durch eine hingeschluderte Rede Respekt zu verlieren. Wenn Sie eine Rede für jemand anderen schreiben, fragt Ihr Chef vielleicht: »Schaffen Sie das bis heute Abend?« Oder er sagt lässig: »Machen Sie doch mal bitte eben.« Dann parieren Sie, im Schweiße Ihres Angesichts, im Wissen, dass nichts wirklich Gutes dabei herauskommen kann. Leider wird grotesk unterschätzt, wie viel Zeit und Mühe es kostet, eine gute Rede zu schreiben. Seien Sie sich dessen wenigstens bewusst. Reden Sie mit Ihrem Chef darüber. Kämpfen Sie um Zeit. Kämpfen Sie darum, eine gute Rede schreiben zu können.

Womit fangen Sie an? Recherchieren Sie zunächst, was Sie über den Auftritt wissen müssen.

- Veranstalter
- Thema
- Wann
- Wo
- Rededauer
- Zuhörer (wer und wie viele)
- Redesituation (Bühne, Podium, Pult, Sitzecke …)
- Vorredner, Nachredner (welche Themen)
- Besondere Erwartung der Gastgeber

Das alles sollten Sie vor jede Rede schreiben. Richten Sie einen entsprechenden Stehsatz ein. Wenn Sie Reden für andere schreiben, sollten Sie sich außerdem als Autor aufführen.

Halten Sie sich nicht sklavisch an die Vorgaben der Veranstalter. Manchmal ist das Thema eines Vortrags langweilig oder kompliziert oder missverständlich. Vielleicht haben Sie auch keine Lust, zum gewünschten Thema zu reden, wollen aber trotzdem eine Rede halten. **Beeinflussen Sie das Thema.** Sprechen Sie mit den Veranstaltern. Wenn das Programmheft noch nicht gedruckt ist, sind Ihre Chancen gut, das Thema oder zumindest den Titel zu ändern.
Ich sollte mal vor jungen Journalisten zum Thema »Vom Journalisten zum Redenschreiber« sprechen. Ich bat mir aus, den Titel zu ergänzen: »Vom Abstieg des Journalisten zum Redenschreiber«.

Beeinflussen Sie die Dauer der Redezeit. Meistens ist die geplante Redezeit zu lang. Beherzigen Sie Tucholsky: Vierzig Minuten sind mehr als genug. Dreißig Minuten reichen auch. Zwanzig sind besser. Die sind aber immer noch zu lang, wenn Sie diese Zeit nicht von der ersten bis zur letzten Minute gewinnbringend füllen. Ich persönlich scheue mich, länger als zwanzig Minuten zu reden. Wer hat schon zu

einem Thema zwanzig Minuten lang etwas zu sagen? Ich nicht. Nun gut, außer vielleicht zum Thema »Redenschreiben« … und »Selbstgerechtigkeit von Journalisten«.

Beeinflussen Sie weitere Vorgaben. Zum Beispiel, ob Sie als erster oder letzter Redner dran sind. Oder ob Sie stehend oder sitzend reden – natürlich stehend. Und wenn Sie frei reden – was Sie sollten –, dann möglichst ohne Pult. Sie wollen die Affen im Zoo ja auch am liebsten ohne Gitter sehen. So geht es dem Publikum mit Ihnen.

Tun Sie also alles, was in Ihrer Macht steht, damit Sie am besten zur Geltung kommen. Schließlich kommt es auch darauf an, die Menge von sich zu überzeugen. Dass die Zuhörer hinterher sagen: »Guter Mann« oder »Gute Frau«. Und nicht: »Der hat sich ja ganz toll an das gehalten, was wir erwartet haben.«

Nun geht es um den Inhalt Ihrer Rede:
Informieren Sie sich über Ihr Thema. Je größer der Input, desto besser der Output. Um es mit Cato zu sagen: *»Beherrsche die Sache, dann werden die Worte schon folgen.«*
Oder um es mit meiner Oma zu sagen: *»Von nichts kommt nichts.«*

Wie recht Cato hat, erlebte ich eines Tages in Minnesota. Ich sollte an der dortigen Universität zwei Reden über die Indianer Nordamerikas halten. Die erste Rede am Vormittag las ich mehr oder weniger ab. Und hielt mich deshalb an die vorgegebenen zwanzig Minuten. War ganz ok. Aber die Frau, die mich zu den beiden Vorträgen eingeladen hatte, bat: »Rede heute Abend frei.« Das machte mich nervös.
Ich redete eine Stunde. Eine halbe Stunde länger, als ich mir vorgenommen hatte. Im Publikum rieben sich erwachsene Menschen die Tränen aus den Augen. Darunter mein Nachredner, ein Häuptling vom Stamm der Dakota.

Als er an der Reihe war, begann er sinngemäß mit den Worten: Noch nie habe er einen Weißen wie mich erlebt, der **wenigstens einigermaßen** begriffen habe, worum es bei Indianern **gehen könnte**.

Der Grund für dieses spöttische Lob: Ich hatte acht Monate lang über Indianer recherchiert. Und ich war nicht nur mit dem Verstand dabei gewesen, sondern mit dem Herzen. Ich konnte mein Publikum eine Stunde lang fesseln, weil ich etwas zu sagen hatte und weil ich fühlte, was ich sagte.

Nun haben wir in der Regel nicht acht Monate lang Zeit, uns mit dem Thema einer Rede auseinanderzusetzen. Wir müssen uns also anders behelfen.

Gehen Sie wie folgt vor:

Löchern Sie den Veranstalter. Nicht nur über die Formalien. Sondern versuchen Sie, interessante Informationen zu erhalten, insbesondere für den Einstieg Ihrer Rede. Schreiben Sie sich vor dem Gespräch Fragen auf. Eine sollte immer lauten: »Was ist bei Ihnen vor Ort gerade los?«

Darauf erhalten Sie nicht immer sofort eine brauchbare Antwort. Lassen Sie nicht locker, bohren Sie nach, halten Sie das Gespräch am Laufen. Dann erzählt Ihnen Ihr Gesprächspartner vielleicht etwas Brauchbares, zum Beispiel über die Ruhrgebietsstadt Hamm: »Wo früher Fachmärkte waren, sind heute Klingelbuden [gemeint sind Spielcasinos]. Überall sind Schlaglöcher, die Grünflächen sind nicht gepflegt. Früher gab es noch gut bezahlte Arbeitsplätze, heute sind die meisten schlecht bezahlt. Das tut weh.«

Das können Sie als Einstieg verwenden, egal, zu welchem Thema Sie an diesem Tag in Hamm reden. Am besten, indem Sie denjenigen zitieren, mit dem Sie gesprochen haben. Das öffnet schon mal Herzen. Denn Sie zeigen Ihren Zuhörern damit, dass Sie sich für die Stadt und ihre Menschen interessieren. Sie wecken Sympathie durch das

Lokalkolorit (»Klingelbuden«) und indem Sie Emotionen reinbringen (»Das tut weh«).

Übrigens: Legen Sie es nicht drauf an, mit den Oberbossen zu reden. Die haben häufig kaum Zeit, sind distanzierter, nicht so offen und haben manchmal weniger Ahnung als Leute in der zweiten Reihe.

Wenn Sie für jemand anderen eine Rede schreiben: **Fragen Sie Ihren Auftraggeber.** Worauf es ihm ankommt. Ob er eine persönliche Anekdote beisteuern kann. Ob er jemanden besonders grüßen will. Wenn Sie an Ihren Auftraggeber nicht herankommen – dann hat er eben Pech gehabt.

Suchen Sie nach Beispielen. Insbesondere nach Menschen, die beispielhaft dafür sind, worauf es Ihnen ankommt. Denn egal, welches Produkt Sie verkaufen, egal, welche Idee Sie verbreiten, es geht immer um Menschen, die dahinterstehen, und Menschen, die davon profitieren.
Es geht dabei um mehr, als bloß geschickt zu sein. Es geht darum, sich verständlich zu machen, Interesse zu erregen und dadurch zu überzeugen.
Natürlich verdeutliche ich das an einem Beispiel: Nehmen wir an, Sie kritisieren, dass zwar die deutsche Wirtschaft boomt, aber auf dem Rücken von vielen Niedriglöhnern wie zum Beispiel Leiharbeitern. Damit allein werden Sie kaum ein Echo erzeugen. Anders, wenn Sie Menschen als Beispiel anführen. Etwa so:

»Nehmen wir Michael [...], 43 Jahre alt, Staplerfahrer in einer Druckerei in Norddeutschland. Als Leiharbeiter verdient er 9,16 Euro pro Stunde. Fest angestellte Staplerfahrer verdienen 13 oder 14 Euro pro Stunde. Außerdem erhält Michael [...], im Gegensatz zu anderen Kollegen, kein Weihnachtsgeld, kein Urlaubsgeld, hat nur 24 Tage Urlaub im Jahr. Michael [...] sagt dazu: ›Das ist ein

erdrückendes Gefühl.‹ Man werde auch von den Kollegen gehänselt. Denn jeder Kollege weiß, dass Michael [...] ein Leiharbeiter ist. Das liegt daran, dass Leiharbeiter in dieser Druckerei in Norddeutschland, ja, dass Leiharbeiter in dieser Druckerei in Norddeutschland neongrüne T-Shirts tragen müssen. Neongrüne T-Shirts, damit sie sich von den Stammkräften unterscheiden.«

Das wirkt – oder? Lässt sich aber nicht einfach so dahinpinnen wie abstrakte Sätze aus dem Lehrbuch. Es erfordert Mühe. Mühe, solch einen Mann ausfindig zu machen, mit ihm zu sprechen, seine Geschichte zu überprüfen und das Ergebnis von ihm autorisieren zu lassen. Es hat mehrere Stunden über mehrere Tage hinweg gedauert, bis ich die Geschichte von Michael [...] so zusammenhatte, dass ich sie für eine Rede verwenden konnte. Es dauert dagegen nur ein paar Sekunden, um zu schreiben: **»Die deutsche Wirtschaft boomt auf dem Rücken von vielen Niedriglöhnern wie zum Bespiel Leiharbeitern.«**

Lassen Sie sich vom Archiv Ihres Arbeitgebers helfen. Hilfreich ist, wenn Sie einen persönlichen Kontakt zu den Mitarbeitern des Archivs aufbauen. Wenn Sie sich bei ihnen vorstellen, wenn Sie Texte persönlich abholen, statt nur mailen zu lassen, wenn Sie sich bedanken, wenn Sie sagen, was Sie besonders gut gebrauchen konnten, wenn Sie über Ihre Rede diskutieren oder einfach nur über Gott und die Welt. Je besser Sie sich kennenlernen, je besser Ihr Verhältnis ist, desto mehr werden Sie von dem Archiv profitieren. Achtung: Diese Ratschläge gelten ausdrücklich nicht nur für den Umgang mit Mitarbeitern von Archiven.

Wenn Sie auf kein Archiv zurückgreifen können, machen Sie, was Sie ohnehin tun: **Surfen Sie im Internet.**

Reden Sie über Ihr Thema. Natürlich mit Kollegen und Experten. Auch mit dem Busfahrer, wenn Sie ihn während der Fahrt ansprechen dürfen. Und selbstverständlich mit Familie, Freunden, Nachbarn.

Das bringt Sie auf neue Gedanken. Und es wird Ihnen klar, worauf es Ihnen ankommt.

Stöbern Sie in Ihrem Ideen-Ordner. Der ist voll mit Zitaten, Anekdoten etc., die vielleicht zum aktuellen Thema passen. Zum Beispiel finden Sie darin einen Zeitungsbericht darüber, dass die Neandertaler mutmaßlich deshalb ausgestorben sind, weil ihre Sozialkompetenz zu unterentwickelt war. Oder eine Mitschrift von einem Radiointerview mit Sabine Frank über ihr Buch »Mein Garten ist mein Herz«. Sabine Frank zufolge sind fast alle Pflanzen in Deutschland eingewandert. Sonnenblumen zum Beispiel stammen aus Mexiko. Heute sind sie das Symbol der deutschen Grünen.

Das können Sie für eine Rede über Zuwanderung gebrauchen.

Scannen Sie Ihr Bücherregal. Vor meinem Schreibtisch steht ein Bücherregal. Meine Augen wandern vor jeder Rede über den Laptop hinweg an den Buchrücken entlang.

Einmal musste ich eine Rede über kommunale Sportpolitik schreiben. Davon hatte ich keine Ahnung. Da fiel mir ein Buch ins Auge, das ich während meiner Zeit in den USA gekauft hatte. Titel: »Bowling alone«. Ich schlug es auf, las die paar Seiten, die ich beim ersten Lesen markiert hatte – das mache ich bei jedem Lesen so, spart enorm viel Zeit –, und fing dann ohne weiteres Nachdenken wie folgt an:

»Vor Kurzem bin ich auf ein Buch gestoßen: ›Bowling alone‹. Also: ›Allein bowlen‹. Es geht darum, dass die Amerikaner früher leidenschaftlich in großen Gruppen bowlen gingen – heute kaum noch. Das weist auf etwas sehr Grundsätzliches hin: dass Menschen zunehmend ihrer eigenen Wege gehen.«

Von da zur Bedeutung kommunaler Sportpolitik, die für mehr Gemeinsinn sorgt, ist es nicht weit.

Und aus dem Buch »Der große Gatsby« von F. Scott Fitzgerald wollte ich schon immer mal den letzten Satz anbringen:

»So stemmen wir uns voran, in Booten gegen den Strom, und werden doch immer wieder zurückgeworfen ins Vergangene.«

Sehen Sie, hier ist er.

3. GLIEDERN

Warum Sie jetzt besser zu einem anderen Ratgeber greifen sollten. Warum ich doch mal eine Gliederung gemacht habe. Und warum sich eine Rede mit rotem Faden von allein schreibt.

So, recherchiert haben wir. Was nun? Losschreiben?
Oder mache ich etwa erst eine Gliederung?
Schade, dass Sie mein heftiges Kopfschütteln nicht sehen können, verbunden mit einer Grimasse.

Ich mach's üblicherweise so: Nachdem ich mich eingelesen habe, frage ich mich, was ich eigentlich sagen will. Was ich Neues zu bieten habe. Was die Zuhörer besonders interessieren könnte. Wenn ich das herausgefunden habe – gut. Aber dann lege ich immer noch nicht los. Idealerweise schlafe ich eine Nacht über den recherchierten Stoff. Mein Unterbewusstsein fördert dabei garantiert Interessantes zutage. Wer dazu keine Zeit hat oder wem das zu esoterisch ist, legt sich in die Badewanne. Bei mir wirkt das immer. Ich komme auf Ideen. Wer im Büro keine Badewanne hat, sollte wenigstens einen Spaziergang machen. Am besten an der frischen Luft. Im Willy-Brandt-Haus haben sie sich daran gewöhnt, dass ich in den Fluren Furchen laufe.

Sobald es Klick im Kopf macht, mit anderen Worten: sobald mir ein toller Einstieg für meine Rede eingefallen ist, hetze ich zum Schreibtisch und fange an zu schreiben. Dabei ist schon manches Mal das Badewasser übergeschwappt.

Wie ist es nun mit der Gliederung?
Schluck. Vielleicht sollten Sie jetzt besser zu einem anderen Ratgeber greifen. Ich kenne nur keinen, der mir geholfen hätte. Ich gestehe: Während der ersten zwei Jahre meines Redenschreiberdaseins habe ich nicht gegliedert. Erst, als ich aufgefordert wurde, meinen ersten Kurs zu geben, habe ich mich mit dem Thema Gliederung befasst. Half nichts. Mir fiel nicht mehr ein als:
- Einleitung
- Hauptteil
- Schluss

Dabei versprechen sich einige meiner Kursteilnehmer viel von einer Gliederung. Regelmäßig wollen sie gerade dazu Tipps. Als ob eine Gliederung darüber entscheiden würde, ob eine Rede interessant ist oder sogar begeistert. Als ob ihnen das die Arbeit abnehmen könnte, neugierig, fleißig und kreativ zu sein. Ich bin bis heute kein Freund von Gliederungen. Ich habe den Eindruck, sie bremsen meine Kreativität. Ich schreibe lieber so, dass sich eins aus dem anderen ergibt. Was ich aber sehr wohl mache: aus der Menge von Recherchematerial, das rauszuschreiben, was in der Rede nicht fehlen sollte. Wenn ich mit der Rede durch bin, gleiche ich ab, ob ich alles verwendet habe.
Verpassen Sie Ihrer Rede eine Überschrift. Sie sollte idealerweise eine These sein. Das zwingt die Rede fast automatisch in eine Bahn:
- These vorstellen
- Begründen
- Schluss

Wenn mir keine Überschrift einfällt, ist das ein schlechtes Zeichen. Habe ich etwa nichts zu sagen? Aber vielleicht entwickelt sich das beim Schreiben. Wenn mir selbst nach dem ersten Durchgang keine gute Überschrift einfällt, muss ich die Rede wegschmeißen.

Schließlich habe ich doch einmal gegliedert. Allerdings erst, *nachdem* ich eine Rede geschrieben hatte. Peer Steinbrück wollte auf dem letzten Parteitag vor der Bundestagswahl 2013 in Augsburg frei reden. Also brauchte er von mir einen Entwurf, den er sich einfach merken konnte. Peer Steinbrück redet fast immer frei. Aber diese Rede war besonders wichtig. Die »Bild am Sonntag« sprach von der »*wichtigsten Rede seines Lebens*«. Ich schrieb also nicht nur noch kürzere, einfachere Sätze als sonst – und fragte mich beschämt, warum ich das nicht schon immer so gemacht hatte –, sondern bemühte mich während des Schreibens um eine Struktur. Um dem Redner diese Struktur zu verdeutlichen, schrieb ich nach dem ersten Durchgang eine Gliederung. Es stellte sich heraus: Das war schwerer als gedacht. Ich merkte erst jetzt, wie sprunghaft die Rede war.
Ich schrieb also die Gliederung und passte die Rede an. Sie war nun leichter zu merken.

Später habe ich sogar mal *zuerst* eine Gliederung geschrieben. Es ging um die Europawahl. Ich hatte überlegt, worauf es der SPD bei der Wahl ankommt.
- Erstens: dass die Leute zur Wahl gehen.
- Zweitens: dass die Leute die SPD wählen.
Die Gliederung lautete also:
- Einleitung
- Warum zur Wahl gehen?
- Warum SPD wählen?
- Schluss

Auch für eine Rede zum Thema »Europa neu denken« drängte sich eine Gliederung auf:
- Warum muss Europa neu gedacht werden?
- Neue Gedanken 1 bis 5
- Schluss

Vor einem meiner Redenschreiberkurse schrieb ein Teilnehmer, er wolle lernen, **»*Reden im Drei-, Vier- und Fünfsatz stringent aufzubauen*«**.

Na dann, hier ein Beispiel für einen Dreisatz, das sogenannte GHM-Modell (gestern, heute, morgen):
- Wie war es gestern?
- Wie ist es heute?
- Wie wird es morgen sein?

Ich kann meine Rede auch gliedern, indem ich drei Fragen stelle. Oder vier. Das ist dann der Viersatz.

Der Fünfsatz geht zum Beispiel so:
- Einleitung
- Fakten
- Argumente
- Folgerung
- Schluss

Hilfreich finde ich den Rat von Andreas und Friedhelm Franken im »Handbuch Redenschreiben«, sich zunächst mit der gegnerischen Position auseinanderzusetzen. **»*Erst Hindernisse zur Seite räumen, damit die Bahn frei ist für die eigene Argumentation.*«** Das entspricht meiner Art, Ramsch zu spielen. Wenn Sie Skat kennen, wissen Sie, was ich meine. Beim Ramsch kommt es darauf an, so wenig

Punkte wie möglich zu kriegen. Also spiele ich erst die Karten aus, die mir ohnehin schaden, um am Ende fein raus zu sein.

Sie können Ihre Gliederung beliebig aufrüsten. Hier meine Erfindung, ein Achtsatz:
- Das Problem ist …
- Die einen schlagen folgende Lösung vor …
- Wahr daran ist …
- Falsch daran ist …
- Die anderen schlagen folgende Lösung vor …
- Wahr daran ist …
- Falsch daran ist …
- Ich bin der Meinung …

Ok, nicht ganz ernst gemeint. Ich will damit sagen: **Halten Sie sich nicht sklavisch an Gliederungskonzepte.**
Der Gliederung verwandt ist der **rote Faden.**
Es folgt ein Beispiel von einem meiner Kursteilnehmer. Eine Rede zur Verabschiedung einer langjährigen Mitarbeiterin:

»Mutter Courage verlässt uns. Wie schade! Das sagte neulich jemand, als am Mittagstisch das Thema aufkam, dass Sie Ihren Posten niederlegen würden.
Das Bedauern teile ich uneingeschränkt. Aber über die Bezeichnung ›Mutter Courage‹ musste ich dann doch noch einmal nachdenken. Im Theaterstück ›Mutter Courage und ihre Kinder‹ von Bertolt Brecht ist Mutter Courage ja nicht unbedingt eine sympathische Figur. Sie stürzt ihre Kinder ins Verderben und sie ist darauf fixiert, Geschäfte zu machen. Das ist ja eher das genaue Gegenteil von Ihnen.
Trotzdem ist Mutter Courage ein Sinnbild dafür geworden, dass jemand sich – trotz widriger Umstände – nicht unterkriegen lässt. Ja, das sind Sie schon eher.

Und wenn man auf die Einzelteile des Namens schaut – ›Mutter‹ einerseits und ›Courage‹ andererseits –, dann finde ich, dass an der Bezeichnung doch ziemlich viel Wahres ist. Denn Courage spricht Ihnen jeder zu. Und etwas liebevoll Mütterliches haben Sie auch auf jeden Fall [...]«

Und so weiter, und zwar immer wieder Bezug nehmend auf »Mutter Courage«. Mit Überleitungen wie:

»Das bringt mich zu dem zweiten Teil von ›Mutter Courage‹, nämlich der ›Courage‹, gemeinhin übersetzt mit ›Tapferkeit‹ oder ›Mut‹.«

»Couragiert sind Sie auch immer für [...]«

»Couragiert waren Sie auch im Sinne von unbeirrbar [...]«
Eine Gliederung war nicht nötig. Der Kollege hangelte sich einfach an seinem roten Faden entlang.

Hier ein Beispiel von mir. Es handelt sich um eine Rede für ein alljährliches Fest des »Vorwärts«, der Parteizeitung der SPD. Rednerin sollte die Herausgeberin des »Vorwärts« sein, zu einer Zeit, in der alle gespannt darauf warteten, wer Kanzlerkandidat der SPD wird.
Die Aufgabe war, das Fest zu eröffnen und drei Leute zu grüßen: Stephan Weil, den Kandidaten für die bevorstehende Niedersachsen-Wahl, Uwe Knüpfer, den Chefredakteur des »Vorwärts«, und den »Vorwärts«-Geschäftsführer Guido Schmitz. Als roten Faden hatte ich mir ausgedacht, scheinbar den Namen des Kanzlerkandidaten zu verkünden.
Mein Entwurf wurde verworfen. Deshalb bin ich froh, ihn auf diese Weise nutzen zu können.

»*[Anrede],*

ich hab mir gedacht, heute wäre ein schöner Tag, um das zu tun,
worauf eh alle warten: [Pause] den Kanzlerkandidaten der SPD
vorzustellen. [Pause] Hier sind viele Leute zusammen, es herrscht
eine feierliche Stimmung, genug Journalisten sind auch da – wor-
auf warten wir also noch?

The Winner is …

Stephan Weil [bedeutsame Pause] ist es nicht. Er steht zwar neben
mir. Aber Stephan wird ja bekanntlich im Januar Ministerpräsi-
dent von Niedersachsen.

[...]

Uwe Knüpfer [Pause] ist auch nicht zu haben. Der macht seinen Job
als Chefredakteur des ›Vorwärts‹ sehr gut.

[...]

Guido Schmitz [Pause], nein, der wird es auch nicht. Den lassen
wir als Geschäftsführer des ›Vorwärts‹ nicht gehen.

[...]

So, wer ist denn nun Kanzlerkandidat? Leider haben mir die Kan-
didaten einen Strich durch die Rechnung gemacht. Sie wissen selbst
noch nicht, wer es von ihnen wird. Da kann ich nichts machen.

Das Gute daran ist: Ich nehme niemandem diesen schönen
Gesprächsstoff weg. Es darf weiter gemutmaßt werden.

Viel Spaß dabei.«

Suchen Sie nach solchen roten Fäden und Sie werden sehen: Die Rede
schreibt sich fast von allein. Sie müssen nur noch jemanden finden,
der sie hält.

4. AMÜSIEREN

Warum es gut wäre, Ihre Zuhörer zum Lachen zu bringen, aber warum es nicht notwendig ist. Warum Kant in diesem Kapitel vorkommt, ja genau: der Kant. Und warum Ironie wirklich voll empfehlenswert ist.

Bevor Sie endlich mit dem Redenschreiben loslegen, sollten Sie noch eine wichtige Frage klären: Wie steht es mit dem Humor? Wollen Sie sich damit abplagen oder nicht?

Für mich ist das Anstrengendste beim Schreiben, humorvoll sein zu wollen. Ich musste einmal für die »taz« jede Woche eine Glosse schreiben. Das hielt mich die ganze Zeit über in Atem, und spätestens zwei Tage vor Abgabe war ich nervös. Aber wenn es gelang: Welche Freude! Denn wie schön ist es doch, Menschen zum Lachen zu bringen.

In England und in den USA gehört es sich für Redner geradezu, die Zuhörer wenigstens einmal durch Lachen zu erfreuen. In Deutschland nicht. Glück für die Redenschreiber. Pech für die Zuhörer.

In einem Buch der amerikanischen Redenschreiberin Peggy Noonan las ich: US-Präsident Ronald Reagan brauchte bei seinen Reden den schnellen Erfolg des Gelächters. Es half ihm, sich zu entspannen. Es half, die Zuhörer zu entspannen.

Ich musste lachen. Weil ich an Peer Steinbrück dachte, der zu Beginn seiner Reden häufig einen von zwei Witzen erzählte. Und immer lachten die Zuhörer aus vollem Hals. Beim ersten Mal lachte ich auch. Auch beim zweiten Mal. Dann nicht mehr.

Ich überlegte, ob ich versuchen sollte, meinen Chef davon abzuhalten, immer die gleichen Witze zu erzählen. Ich tat es nicht, und zwar aus demselben Grund, den ich im Buch der amerikanischen Kollegin fand: Diese Witze gaben ihm Sicherheit.

Hier die Gags von Peer Steinbrück; er hat zugestimmt, dass ich sie verwenden darf:

»Ich werde auch nicht zu lange reden. Also nicht etwa wie der Mann, der redet und redet, obwohl sich der Saal während seiner Rede immer mehr leert. Als nur noch ein Mann in der ersten Reihe vor ihm sitzt, fragt ihn der Redner: ›Sagen Sie mal, warum sitzen Sie denn noch hier?‹ Der Mann: ›Ich bin Ihr Nachredner.‹«

»Ein Redner redet und redet. Dem Publikum steht die Langeweile ins Gesicht geschrieben. Schließlich merkt es der Redner auch. Er sagt ins Publikum: ›Ich hoffe, ich rede nicht zu lange, ich habe nämlich meine Uhr vergessen.‹ Da ruft jemand aus dem Publikum: ›Aber hinter Ihnen hängt ein Kalender.‹«

Noch besser wäre, sich beim Erzählen solcher Witze über sich selbst lustig zu machen. Leider fiel mir das erst beim Schreiben dieses Buches ein.

»Ich werde diesmal nicht zu lange reden. Kürzlich hatte ich es wohl übertrieben. Der Saal leerte sich zunehmend. Als nur noch ein Mann vor mir saß, fragte ich ihn erstaunt: ›Warum sitzen Sie noch hier?‹ Der Mann antwortete: ›Ich bin Ihr Nachredner.‹«

Peggy Noonan schreibt:

»Humor zeigt dem Publikum, dass du es wichtig nimmst, weil du dir die Mühe machst, es zu unterhalten.« Und: *»Humor sorgt für gleiche Augenhöhe.«*

In einem alten Text über das Lachen im »Stern« (17/1995) steht der schöne Satz: *»Macht lacht nicht.«* Autor Emanuel Eckardt führt aus:

»Es gehört zur Technik des Machtmenschen, ein Lachen der Untergebenen nicht zu erwidern. Wer oben ist, lacht nicht, wer unten ist, hat nichts zu lachen ...«

Acht Jahre später habe ich in »bild der wissenschaft« (1/2003) gefunden:

»Das Lachen ist Teil der Primaten-Evolution – seit Millionen Jahren signalisiert es Konfliktlösung und Friedfertigkeit.« Und: *»Lachen ist ein biologisches Ausdrucksmuster, eine Art spielerische Aufforderung zum Mitmachen.«*

Setzen Sie sich nicht zu sehr unter Druck. Dann funktioniert es vielleicht nicht. Es ist auch Glück dabei, wenn die Leute in Gelächter ausbrechen. Aber es reicht ja schon, wenn die Leute schmunzeln.

Und wie funktioniert Humor?

Dazu ein Beispiel von Heinrich Heine:
»Ich habe die friedlichste Gesinnung. Meine Wünsche sind: eine bescheidene Hütte, ein Strohdach, aber ein gutes Bett, gutes Essen, Milch und Butter, sehr frisch, vor dem Fenster Blumen, vor der Tür einige schöne Bäume, und wenn der liebe Gott mich ganz glücklich machen will, lässt er mich die Freude erleben, dass an diesen Bäumen etwa sechs bis sieben meiner Feinde aufgehängt werden.«

Sagenhaft, oder? Heine verlängert den Satz immer wieder, wiegt die Leser immer länger in Arglosigkeit, und erst drei Worte vor Ende des Satzes wirft er den Fön in die Badewanne.

Was lernen wir daraus? Der Kölner Kabarettist Robert Griess erklärt es sinngemäß so: Humor ist **Überraschung**. Zwei Dinge, die im Bewusstsein des Zuhörers nicht zusammengehören, werden vom

Redner zusammengezwungen. Um diese Spannung im Kopf zu lösen, muss der Zuhörer lachen.

Im Buch »Das Beste von Allen« von Woody Allen wimmelt es geradezu von Beispielen, die diese Theorie untermauern. Allen bringt zusammen, was scheinbar nicht zusammengehört:

»Hier nun eine kleine Kostprobe aus der Masse geistiger Kostbarkeiten, die ich für die Nachwelt aufbewahre, oder so lange, bis die Putzfrau kommt.«

»Können wir das Universum wirklich kennen? Mein Gott, es ist doch schon schwierig genug, sich in Chinatown zurechtzufinden.«

»Das erklärt selbstverständlich nicht, warum die Seele unsterblich ist. Noch sagt es irgendetwas über ein Leben nach dem Tode aus oder über das Gefühl meines Onkels Sender, von Albanern verfolgt zu werden.«

In Robert Gernhardts Bändchen »Prosamen« habe ich ein ähnliches Witzmuster gefunden:

»Wussten Sie schon, dass Beethovens Neunte ein Fräulein Stobeier aus Grinzing war?«

Andere sagen, Lachen entstehe durch **Entspannung**. Wie das gemeint ist, weiß ich, seitdem jemand auf einer Party Folgendes erzählte:

»Neulich saß ich mit ein paar Freunden zusammen; wir redeten über Ausbrüche aus Gefängnissen. Anlass war, dass gerade jemand aus einem Knast ausgebrochen war, ganz klassisch, mit Abseilen per Bettlaken. Wir amüsierten uns, jeder hatte etwas beizutragen, und wenn's nur aus Filmen wie ›Papillon‹ war. Da sagte einer der

Freunde mit todernster Miene: ›Bitte hört auf! Mein Vater ist in einem Gefängnis gestorben.‹ Wir waren betroffen, schwiegen. Da sagte der Freund: ›Er ist vom Wachturm gestürzt.‹«

Mussten Sie lachen? Wir sind damals in tosendes Gelächter ausgebrochen. Denn, so weiß ich heute: Unsere Betroffenheit löste sich mit dem letzten Satz in Luft auf. Sie machte Platz für befreiendes Gelächter.

In einem lesenswerten Ratgeber fürs Glossenschreiben von Edmund Schalkowski finde ich einen schönen Verweis auf den Philosophen Immanuel Kant, der, so Schalkowski, *»nicht gerade als witzeerzählender Plauderer in die Geschichte eingegangen«* sei. Kant schrieb, Lachen sei *»ein Affect aus der plötzlichen Verwandlung einer gespannten Erwartung in nichts.«* Als Beispiel nennt er folgende Geschichte: Jemand erzählt, wie ein Kaufmann in Indien tolle Geschäfte gemacht hat, ein Boot nach Europa besteigt, in einen schweren Sturm gerät und gezwungen ist, seine ganzen Waren über Bord zu werfen. Darüber werden ihm die Haare grau.

Nicht witzig.

Oder jemand erzählt dieselbe Geschichte und schließt: … darüber wurde ihm die Perücke grau.

Witzig.

Weil sich die Dramatik der Geschichte in nichts auflöst. Das funktioniert umso besser, je dramatischer die Geschichte erzählt wird. Das ist das Prinzip der Fallhöhe.

Außerdem entsteht Lachen durch **Schadenfreude**. Das klassische Beispiel: Jemand rutscht auf einer Bananenschale aus. Aber diesen Punkt wollen wir hier nicht vertiefen.

Vielleicht helfen Ihnen folgende Tipps weiter:

Übertreiben Sie radikal.

»Unter allen Monstern, vom Basilisken über Graf Dracula bis zu King Kong, nimmt der Beamte eine herausragende Stellung ein.«

Dieses Beispiel, das von Robert Griess stammt, hätte ich auch unter dem folgenden Tipp aufführen können:

Bilden Sie Sätze nach dem Motto: Was gehört nicht in diese Reihe.
Franz Josef Wagner schrieb in der »Bild« eine Ode auf das 7:1 der Deutschen Nationalmannschaft gegen Brasilien im Halbfinale der Fußballweltmeisterschaft 2014:

»Liebes 7:1, ich werde dich aus der Rubrik noch nicht gesehene Dinge streichen. Ungesehen bleiben weiterhin: Marsmenschen. Der Mensch, der ein IKEA-Regal allein zusammenbaut. Die schöne Meerjungfrau, als Fisch und blond.«

Schön, oder? Mir kommt allerdings der IKEA-Käufer zu früh. Ich schlage vor:
»... ungesehen bleiben weiterhin: Marsmenschen. Die schöne Meerjungfrau, als Fisch und blond. Der Mensch, der ein IKEA-Regal allein zusammenbaut.«

Der Witz funktioniert vor allem bei denjenigen gut, die wie ich Mühe haben, ein IKEA-Regal zusammenzubauen. Wir fühlen uns entlastet. Das befreiende Gefühl entlädt sich durch Lachen.

Spielen Sie mit Worten. Wenn Sie »Wortspiel« bei Wikipedia nachschauen, finden Sie mehrere Arten von Wortspielen, zum Beispiel: »Homonymie«, »Polysemie«, »Paronomasie«, »Paragramm«, »Anagramm«. Sie wissen ja mittlerweile: Mir ist so etwas zu hoch.
Hier ein Beispiel: Der FC St. Pauli hatte 2002 in der Fußball-Bundesliga den Weltpokalsieger FC Bayern geschlagen. Danach trugen

Pauli-Fans das Wort »*Weltpokalsiegerbesieger*« auf ihrer Brust. Wie wär's in der Politik mit: »*Umfragesiegerbesieger*«?

Brechen Sie aus Wiederholungen aus. Ich musste herzhaft lachen, als ich das Lied »Das alles kommt mit« von Element of Crime hörte. Von Anfang an geht es darum, was alles mitkommt. Zum Beispiel »*der Küchenschrott, den kein Mensch braucht*« und der »*Zorn, der nicht richtig verraucht*« und »*die verschusselten Träume, von denen am Morgen nichts bleibt*«. In der letzten Strophe geht es um »*Fehler, die du nicht mehr ändern kannst*« und »*Worte, die du bereust*«, aber die, und damit endet das Lied, »*die nehmen wir nicht mit. Die lassen wir hier.*«

Befleißigen Sie sich unpassender Sprache. Sie können Komik erzeugen, indem Sie sich einer Sprache bedienen, die nicht zu Ihrem Thema passt. In der Wissenschaft der Komik nennt man das **Verfremdung**. Beispiel: Sie schreiben über Tierquälerei durch Massentierhaltung im Stil der Schöpfungsgeschichte der Bibel. Und über die Unterfinanzierung der Wissenschaft schreiben Sie im Stil des Gangster-Raps. Je unterschiedlicher das ist, was sie zusammenzwingen, desto besser. Oder versuchen Sie es im Stil eines Tagebuchs, der »Sendung mit der Maus«, »Wer wird Millionär«, einer Service-Hotline oder eines Krimis (»Harry, fahr den Wagen vor«).

Einige dieser Tipps stammen von Robert Griess. Als ich für eine Aschermittwochsrede Anregungen brauchte, guckte ich mir meine Aufzeichnungen von seinem Humor-Workshop an. »Unterschiedliche Lebenswelten zusammenbringen« stand da. Ich dachte an das Dschungelcamp. Ging da was?
Ich schrieb:

»*Der Gewinner der diesjährigen Dschungel-Staffel, ein gewisser Joey Heindl, 19 Jahre alt, erinnert mich an den FDP-Parteivor-*

sitzenden Philipp Rösler. Joey lieferte den romantischsten Moment in der Geschichte des Camps: Kurz nach seiner Krönung geht er vor seiner Freundin Jacky auf die Knie und flüstert: ›Ich liebe dich.‹ Alle halten den Atem an: Kommt jetzt der Antrag? Er kommt nicht. Joey ist zu nervös.

Auch Philipp Rösler ging kürzlich vor jemandem auf die Knie: seinem Parteifreund Rainer Brüderle. Nach eine Serie von Wahlniederlagen bot Rösler ihm an, ihn als Parteivorsitzenden abzulösen. Da war der Brüderle zu nervös, Ja zu sagen. Trotzdem war's mordsromantisch.«

Flechten Sie einen Witz ein.

»Warum nun auch das Unternehmen [...] dieses wegweisende Wagnis eingeht?
Ganz einfach: Warum geht eine Schnecke über die Straße?
Weil sie auf die andere Seite will.«

Singen Sie im Bundestag. Häufig werde ich gefragt: »Bist du schuld daran, dass Andrea Nahles im Bundestag das Lied von Pippi Langstrumpf gesungen hat?«

Meine Antwort lautet: »Ich wünschte, es wäre mir eingefallen.«

Klar, Andrea Nahles ist keine begnadete Sängerin. Ich fand ihre Einlage trotzdem gut. Sie war originell, mutig und authentisch. Es war kein billiger Gag. Es passte zu ihrer inhaltlich begründeten Kritik an Frau Merkel, sich wie Pippi Langstrumpf die Welt so zu machen, wie sie ihr gefällt.

Ich habe noch niemanden getroffen, der mir beigepflichtet hätte. Aber ich finde es schade, dass solche Versuche, aus dem ewigen Einerlei auszubrechen, mit so viel Häme bestraft werden. Könnten wir alle bitteschön ein bisschen gelassener sein? Und ein bisschen mehr Spaß verstehen?

Ironie ist klasse. Oder?

Lassen Sie Ironie. Ja, das ist schade. Ich mag Ironie. Aber mindestens die Hälfte der Zuhörer versteht das, was Sie sagen wollen, falsch.

5. EINSTEIGEN

Warum ich am liebsten darauf verzichten würde, Prominente zu grüßen. Warum Sie mit Ideen auch an der Oder fündig werden können. Und warum selbst alte Western-Schinken nützlich sind.

»*Einsteigen*« habe ich dieses Kapitel überschrieben. Ich hoffe, Sie wissen zu würdigen, dass ich mich in den Titeln um Verben bemüht habe. Hauptwörter fallen einem schneller ein. Das Dumme an dieser Überschrift ist: Sie passt nicht mehr zu den Sätzen, die ich bereits geschrieben hatte, als über diesem Kapitel noch »*Einstieg*« stand. Sei's drum. Lesen Sie bitte das Folgende, als ob ich dieses Kapitel mit »*Einstieg*« überschrieben hätte:

»*Einstieg*« habe ich dieses Kapitel also ursprünglich genannt und nicht »*Einleitung*«. Lauschen Sie einmal dem Klang des Wortes »Einleitung« nach.

Es geht jetzt nicht um meinen Trip mit den ung-Wörtern. Sondern darum, dass »Einleitung« wie »Umleitung« klingt, ein wenig bummelig, ein wenig umständlich, jedenfalls so, als sei Zeitverschwendung erlaubt.

»Einstieg«. Horchen Sie auf dieses Wort. Da geht's gleich ganz anders zur Sache. Dahinter steckt eine gewisse Dringlichkeit. »Einstieg« ist auch kürzer als »Einleitung«, um ganze zwei Buchstaben. Der entscheidende Unterschied liegt aber im »ie« gegenüber dem »ung«.

Dem »ie« aus Wörtern wie »zielstrebig« oder »fies« oder anderen kraftvollen Wörtern wie »Frieden« oder »Liebe«. Zu weit hergeholt? Vielleicht. Aber es schadet ja nicht, über den Klang von Wörtern nachzudenken.

Was ist eigentlich Ihr Lieblingswort?
Meins ist »Pampelmuse«. Vergleichen Sie »Pampelmuse« mit »Grapefruit«. Und stellen Sie sich vor, wie Sie eine Pampelmuse in der Hand halten. Werden Sie es jemals wieder übers Herz bringen, »Grapefruit« statt »Pampelmuse« zu sagen?

Einstiege also:

»Vielen Dank für die Einladung zum Sommerempfang. Ich freue mich, heute zu Ihnen sprechen zu dürfen.«

»Ich freue mich, Sie zu unserer fünften Lecture erstmals hier an diesem besonderen Ort, in dieser wunderbaren Kirche begrüßen zu können.«

»Ich freue mich sehr, mich in den Reigen der Gratulanten einreihen zu dürfen.«

»Ich möchte Sie ganz herzlich im Namen der Stiftung willkommen heißen und freue mich sehr, dass wir heute zusammenkommen, um den diesjährigen Preisträger zu ehren.«

»Ich heiße Sie herzlich willkommen zur heutigen Eröffnung unseres Hamburger Büros.«

Das ist eine kleine Auswahl von Einstiegen, die Teilnehmer ein und desselben Redenschreiberkurses mitgebracht haben. Die meisten Reden beginnen mit der Freude darüber, sprechen zu dürfen, egal ob

es stimmt. Oder die Redner bedanken sich oder heißen herzlich willkommen.

Dagegen ist nichts einzuwenden. Es ist guter Brauch, freundlich zu sein. Außerdem gibt es dem Redner Halt, mit gefahrlosen Sätzen zu starten. Es ist wie warmlaufen.

Mache ich trotzdem so gut wie nie. Wahrscheinlich aus purer Gewohnheit als Journalist. Wenn ich einen Zeitungsartikel schreibe, habe ich das Gefühl, um das Interesse der Leser kämpfen zu müssen. Wenn ich sie nicht sofort interessiere, wenden sie sich dem nächsten Artikel zu.

Bei einer Rede ist das anders. Die Zuhörer sind gekommen, um Ihnen zuzuhören. Niemand wird so unhöflich sein, nach den ersten paar Sätzen aufzustehen. Und niemand wird es Ihnen übel nehmen, wenn Sie zwar erst ein wenig langweilen, später aber aufdrehen und einen furiosen Schluss hinlegen.

Dennoch spricht einiges dafür, direkt zur Sache zu kommen. Bei mir ist es vielleicht die Eitelkeit, von Anfang an glänzen zu wollen. Man könnte aber auch sagen: Es entspricht meinem Respekt vor dem Publikum, es möglichst von Anfang an gut zu unterhalten. Außerdem verschafft es mir Sicherheit, wenn ich das Publikum vom ersten Moment an packe.

Es gibt noch einen weiteren Grund: Der schnelle Einstieg hat eine disziplinierende Wirkung auf die ganze Rede. Der Autor gibt vom ersten Moment an alles, darf nicht nachlassen und kommt dafür schneller ins Ziel.

Was, wenn Prominente im Publikum sind? Muss man die nicht einzeln vorstellen? Das wird wohl so erwartet. Ich ziere mich trotzdem. Prominenten wird schon genug Honig ums Maul geschmiert. Außerdem fühlt sich dann meist jemand zu Unrecht nicht gegrüßt. Ich grüße lieber verdiente Leute, die nicht prominent sind. Die Betreffenden freuen sich königlich und die anderen Anwesenden sind gerührt.

Andererseits freuen sich manche Zuhörer, wenn sie erfahren, welche Prominente mit ihnen zusammen bei dieser Veranstaltung sind. Wiederum andererseits wissen sie das meistens aus der Einladung. Was allerdings nicht heißt, dass die Eingeladenen wirklich kommen. Verflixt. Machen Sie daraus, was Sie wollen.

Wenn ich schon grüße, mache ich es jedenfalls nie so, dass ich alle Prominenten hintereinander weggrüße. Das langweilt. Stattdessen streue ich sie durch die Rede, und zwar dahin, wo sie inhaltlich passen. Dann ist es nicht langweilig und es gibt nicht nur pflichtschuldigen, sondern aufrichtigen Applaus.

Für eine Parteitagsrede hatte ich der Rednerin vorgeschlagen, alle Prominenten unerwähnt zu lassen. Schon allein deshalb, um Redezeit für Wichtigeres zu sparen. Für wichtiger hielt ich den angestrebten Kulturwandel der Partei, den ich hier nicht thematisieren will. Die Rednerin sollte eher unbekannte Parteimitglieder grüßen, die sich um den Kulturwandel der Partei verdient gemacht haben. Blöderweise ging es um die Eröffnungsrede, und da gehört es sich wohl nun mal, alle Prominenten zu grüßen. Mein Vorschlag war zu radikal. Oder um es hoffnungsvoll zu formulieren: unserer Zeit voraus.
Das Ergebnis war ein Kompromiss. Die Rednerin begrüßte zum einen die Promis und zum anderen die eher unbekannten Mitglieder, die den Kulturwandel repräsentierten. Das brachte Applaus. Applaus, als die Rednerin die eher unbekannten Mitglieder lobte und dazu aufforderte aufzustehen (natürlich muss man sich vergewissern, dass diejenigen da sind). Und einen zweiten Applaus, als die Rednerin die Betreffenden mit Dank aus der stehenden Position entließ.
Applaus ist für die Seele des Redners immer gut.

Also. Lassen Sie sich etwas Ähnliches einfallen. Jedenfalls merken Sie sich: **Reden Sie über Menschen und lassen Sie sie zu Wort kommen.**

Ich habe bereits geschildert, wie mir Ideen kommen: im Schlaf, in der Badewanne oder beim Spazierengehen. Hier eine weitere Alternative: an der Oder sitzen und aufs Wasser starren.

Ich arbeitete an einer Reportage über Menschen, die versuchten, von Polen aus über den Grenzfluss Oder nach Brandenburg zu kommen. Zahlreiche Flüchtlinge ertranken und trieben ans Ufer kleiner brandenburgischer Orte. Die Bewohner schubsten die Leichen in den Fluss zurück, zum Teil mit Bohnenstangen. Das lag daran, dass die Gemeinden sonst die beträchtlichen Beerdingskosten hätten zahlen müssen. Tolle Geschichte, das war klar.

Schließlich hatte ich alle Fakten und Zitate zusammen. Den Einstieg nicht. So konnte ich doch nicht nach Hause fahren. Es dämmerte schon, aber ich brauchte diesen verdammten Einstieg. Also setzte ich mich ans Ufer der Oder und starrte aufs Wasser.

Da sah ich, wie ein Stöckchen auf einen Strudel im Wasser zuschwamm, darin kreiste und verschwand. Es machte Klick in meinem Kopf. Das war der Einstieg: ein atmosphärisches Bild, das die Tragik andeutete. Denn die Flüchtlinge, die nachts über die Oder schwammen, ahnten nichts von der Gefahr.

Nun werden Sie nicht immer die Oder zur Verfügung haben. Außerdem haben Sie mit der Badewanne im Büro schon alle Freiheiten ausgereizt. Aber das Prinzip ist klar: **Nehmen Sie sich für den Einstieg Zeit.** Tun Sie, was nötig ist.

Hier weitere Anregungen für den Einstieg:

Schauen Sie ins Lexikon. Es ging um die Feier eines SPD-Ortsvereins, der seine 110 Jahre alte Traditionsfahne ehrte. Dazu schlug ich in einem Lexikon unter »Fahne« nach. Außerdem hatte ich meine Tipps aus dem vorhergehenden Kapitel beherzigt, mit dem Veranstalter zu sprechen, ihn zu löchern, und war deshalb mit einem schönen Zitat bestückt. Dazu eine Prise Emotion, fertig war der Einstieg:

»*[Anrede],*
›*Eine Fahne ist ein ein- oder mehrfarbiges, leeres oder mit Bildern oder Symbolen versehenes, meist rechteckiges Stück Tuch, das an einem Fahnenmast oder einem Fahnenstock meist mit Nägeln und verzierter Spitze befestigt ist und stellvertretend eine Gemeinschaft kennzeichnet.‹ So heißt es in einem Internetlexikon über Fahnen.*
Aber so trocken und leidenschaftslos kann man es wohl nur ausdrücken, wenn man nicht die älteste SPD-Fahne Ostdeutschlands in seiner Obhut hat, nicht wahr, Dieter?
So eine Fahne ist nun wirklich nicht einfach nur eine Fahne. Sie ist eine Mission.
Ich glaube, Dieter könnte stundenlang über diese Fahne reden. Und zwar mit wachsender Begeisterung. Gerade erst an diesem Montag erzählte er von einer neuen Erkenntnis: dass ein Herr [...] das gute Stück 1956 im Rathaus abgegeben habe. ›Das ist der Hammer‹, sagte Dieter.
Es fällt mir nicht schwer, diese Begeisterung zu teilen. Solche alten Stücke machen klar, wo wir Sozialdemokratinnen und Sozialdemokraten herkommen. Woran wir glauben. Und wer wir sind.«

Stellen Sie eine Frage. Am besten mit einer überraschenden Antwort. Hier ein Beispiel, das dem »Spiegel« entlehnt ist (8.9.2014):

»*Welches Land ist das? Seit dem Jahr 2000 ist es weniger gewachsen als der Durchschnitt der EU-Länder. In seinen Unternehmen hat sich die Produktivität nur geringfügig gesteigert. Und zwei von drei Arbeitnehmern haben ein geringeres Einkommen als im Jahr 2000.*«

Die Zuhörer raten: Portugal, Italien, Frankreich …

»Die Antwort lautet: Deutschland.«

Oder:

»Wovor muss sich die indische Regierung am meisten fürchten? Vor Pakistan? Vor einem neuen Ausbruch der Pest? Vor Terroristen? Nein: vor der Zwiebel.«

Diesen Einstieg habe ich sinngemäß der »Zeit« (18.9.2014) entnommen. Ich habe ihn dramatisiert.

Erzählen Sie. Als säßen Sie am Lagerfeuer. Das lässt Sie sympathisch erscheinen. Das sorgt für Augenhöhe. Das zieht garantiert jeden Zuhörer in die Rede hinein.

Neulich fuhr ich mit meiner Familie am Wochenende zum See. Auf der Fahrt hörten wir eine CD über Regenwälder. Faszinierend, sage ich Ihnen. Der Konkurrenzkampf der Pflanzen im Wald ist gnadenlos. Alles strebt dem Licht entgegen und versucht, sich gegenseitig auszustechen. Besonders brutal geht die Würgefeige zu Werke. Ihr Samen gelangt durch den Kot von Vögeln in die Gipfel von sechzig Meter hohen Bäumen. Von da wächst sie nach unten, immer am Leib des Baumes entlang. Am Boden angelangt, saugt sie ihrem Wirt das Wasser ab, schließt sich immer enger um ihn wie eine Anakonda und bildet eine Krone heraus, die ihm das Licht nimmt. Schließlich würgt sie ihn zu Tode.
Jetzt müssen Sie nur noch die Überleitung zum Thema Ihrer Rede finden. Zum Beispiel zum Geschäftsgebaren von Finanzhaien.

Schildern Sie eine interessante Begebenheit. Zum Beispiel eine, die Sie aus den Medien erfahren haben. Die folgende habe ich ebenfalls in der »Zeit« aufgeschnappt und immer mal wieder verwendet:

»[Anrede],
am 6. Mai 2010 sackte der Dow Jones innerhalb weniger Minuten um fast tausend Punkte ab. Grund dafür war offenbar, dass ein Händler beim Tippen die falsche Taste erwischt hatte. In der Sprache der Wall Street heißt das ›fat finger‹. Beim Eingeben eines Verkaufsauftrags hat der Händler wohl auf b wie billion gedrückt statt auf m wie million und damit aus einem 16-Millionen-Dollar-Auftrag einen 16-Milliarden-Auftrag gemacht. Das wiederum verleitete computergesteuerte Handelsprogramme dazu, automatisch Verkäufe auszulösen – eine Abwärtsspirale setzte sich in Gang.
Ein Börsenhändler vertippt sich und die Welt steht mal eben am Rand einer finanziellen Katastrophe. Folgen sind Arbeitslosigkeit und Armut. Das zeigt doch, welch zweifelhaften Spielregeln wir uns ausgeliefert haben.«

Bringen Sie Bilder. Bilder bleiben haften. Bilder regen an. Bilder sind das Basilikum auf der Tomate.

Eine Rede über Europa könnte wie folgt beginnen; das Bild habe ich einer Rede von Martin Schulz entnommen, dem damaligen Präsidenten des Europaparlaments:

»[Anrede],
die europäische Außenpolitik ist wie ein Pferd, dem die Beine gefesselt wurden und das dann totgeschlagen wird, weil es nicht galoppiert. Ein hartes, ein drastisches Bild. Und doch bringt es den Sachverhalt auf den Punkt.«

Bringen Sie eine Parabel. Heißt übersetzt »Gleichnis«, ist aber auch nichts anderes als ein Bild. Der Schriftsteller David Foster Wallace leitete seine Rede vor einem Uni-Abschlussjahrgang wie folgt ein:

»Schwimmen zwei junge Fische des Weges und treffen zufällig einen älteren Fisch, der in die Gegenrichtung unterwegs ist. Er nickt ihnen zu und sagt: ›Morgen, Jungs. Wie ist das Wasser?‹ Die zwei jungen Fische schwimmen eine Weile weiter, und schließlich wirft der eine dem anderen einen Blick zu und sagt: ›Was zum Teufel ist Wasser?‹«

Reden Sie über den Ort der Rede. Das freut die Anwesenden. Umso mehr, je kleiner der Ort ist. Sie zeigen damit, dass Sie keine Rede von der Stange halten, sondern dass Sie sich auf Ihre Zuhörer einlassen.

Im folgenden Beispiel geht es um eine Veranstaltung in Hanau. Die Informationen dazu habe ich aus einer Broschüre der Stadt Hanau und aus dem Internet besorgt:

»[Anrede],
der Ort für diesen Landesparteitag ist gut gewählt. Eine Stadt, klein, aber oho. Mit bemerkenswerter Geschichte und guter Zukunft. Und damit will ich Ihnen kein Märchen auftischen, wie es Hanaus berühmteste Bürger überaus erfolgreich getan haben. Die so berühmt sind, dass sie es sogar auf den 1000-DM-Schein gebracht haben … Nein, den Rudi Völler meine ich jetzt nicht, ich meine die Gebrüder Grimm.
Von Hanau lässt sich lernen. Den größten Sprung in ihrer Geschichte hat die Stadt gemacht, als Graf Philipp Ludwig II. am 1. Juni 1597 einen Vertrag mit calvinistischen Flüchtlingen aus Frankreich und den Spanischen Niederlanden abgeschlossen hat. Mit den Flüchtlingen kam viel Kapital und Fachwissen aus dem handwerklichen Bereich in die Stadt. Und diese Erkenntnis können wir auf die heutige Zeit ummünzen: Unsere Gesellschaft altert, wir brauchen händeringend Fachkräfte – also brauchen wir auch Zuwanderer. Dafür brauchen wir eine Willkommenskultur, um den Anreiz zu erhöhen, in unser Land zu kommen.«

Bringen Sie persönliche Erlebnisse vom Umfeld des Veranstaltungsorts:
Das folgende Beispiel stammt von meinem Redenschreiberkollegen Wolfgang Silbermann:

»*[Anrede],*
in den letzten Wochen bin ich im schönen Saarland viel herumgekommen. Dabei habe ich viele Freiwillige besucht, die sich für andere Menschen einsetzen. In Homburg traf ich bei der AWO junge Menschen, die ihr Freiwilliges Soziales Jahr absolvieren. In Saarlouis sah ich in einem Heim, wie Demenzkranke liebevoll betreut werden. Und hier in Saarbrücken haben mich die Studenten und die Senioren beeindruckt, die zusammen in einem Mehrgenerationenhaus leben. Die Studenten zahlen weniger Miete, wenn sie Zeit mit Senioren verbringen, zum Beispiel für Computerkurse. Das funktioniert. In Saarbrücken wohnen heute die gefürchtesten Ü-70-Hacker in ganz Deutschland.«

Unschlagbar sind persönliche Erinnerungen. Hier eine von Peer Steinbrück, in seiner ihm eigenen Art geschrieben:

»*[Anrede],*
es gibt zwei Briefe, die mich bis heute gefangen nehmen und die mir Richtschnur sind.
Der eine wurde im März 1945 und der andere 1948 geschrieben. Beide haben meine Großväter ihren Familien und ihren noch ungeborenen Enkeln als Vermächtnis zugedacht.
Der erste Brief stammt von meinem Großvater väterlicherseits, kurz bevor er von Nazi-Schergen in der Nähe von Stettin umgebracht wurde, weil er Befehlen, eine Volkssturm-Einheit gegen russische Panzer zu führen, nicht folgen wollte. Es war ein Abschiedsbrief.

Den zweiten Brief hat mein Großvater mütterlicherseits geschrieben, der sich drei Jahre nach dem Krieg hellsichtig mit der Zukunft Deutschlands nach den beiden Weltkriegen beschäftigte.
Aus beiden Briefen sprach eine Haltung, die deutlich machte, dass wir für unser Tun wie auch für unser Unterlassen – also auch für das Wegsehen – Verantwortung tragen.«

Lassen Sie Menschen zu Wort kommen. Für eine Rede zum Internationalen Frauentag könnten Sie sich beispielsweise in Ihrem Betrieb bei den Kolleginnen nach der Stimmung umhören. Als Betriebsrat oder – das wäre besonders gut – als Chef.

»[Anrede],
ich habe mich aus Anlass des Internationalen Frauentags bei unseren Kolleginnen umgehört, wie sie unsere Betriebskultur finden. Das war kein pures Vergnügen, kann ich Ihnen sagen.
Da hieß es zum Beispiel: ›Bei uns sind doch überwiegend alte Männer an der Spitze.‹
Und: ›Bei uns ist zu viel Gelaber. Vor allem die Männer reden, ohne was zu sagen zu haben.‹
Und: ›Jeder Mann muss sich unbedingt selbst zu Wort melden. Frauen haben keine Zeit dafür.‹
Und: ›Besprechungen von drei Frauen sind nach zwanzig Minuten vorbei, nicht erst nach zwei Stunden. Frauen sind einfach zielorientierter.‹
Und: ›Frauen haben einfach einen anderen Anspruch. Die sind an konstruktiven Lösungen orientiert.‹«
Wie es weitergeht, hängt davon ab, wer die Rede hält. Ein Betriebsrat würde Veränderungen fordern. Ein Chef hätte nun eine riesige Chance. Er könnte Veränderungen ankündigen oder zumindest das Bemühen darum.

Greifen Sie auf die Geschichte zurück. Zum Beispiel für eine Rede zum 1. Mai:

»[Anrede],
der 1. Mai, der Tag der Arbeit, ist ein Feiertag mit großer Geschichte.
Er geht zurück auf das Haymarket-Massaker in Chicago am 1. Mai
1886. Die Gewerkschaften hatten zu einem Streik aufgerufen, um
den Achtstundentag und bessere Bezahlung durchzusetzen. Zahl-
reiche Demonstranten wurden von der Polizei erschossen.
In den 128 Jahren seither hat sich die Welt atemberaubend ver-
ändert. In vielerlei Hinsicht zum Guten. Und dennoch sind die
grundlegenden Anliegen aktuell wie eh und je: Vollbeschäftigung,
gerechte Entlohnung und bessere Arbeitsbedingungen.«

Bedienen Sie sich aus Fernsehen und Kino. Als ich vor Kurzem den Film »12 Uhr mittags« sah, wusste ich: Wenn ich mal eine Rede zum Thema Demokratie halten muss, dann fange ich mit diesem Film an. Und zwar etwa so:

»[Anrede],
in dem berühmten Western ›12 Uhr mittags‹ versucht ein Sheriff,
gespielt von Gary Cooper, innerhalb von 90 Minuten Hilfsshe-
riffs zu finden. Es geht darum, ein Gangstertrio unschädlich zu
machen, das auf dem Weg in die Stadt ist, um ihn zu töten. Ein
Kandidat nach dem anderen springt ab. Der Richter verlässt die
Stadt, sein Stellvertreter weigert sich aus persönlichen Gründen,
ein guter Freund lehnt eine Schießerei in der Stadt ab, weil sie
schlecht fürs Geschäft sei. Als klar ist, dass dem Sheriff niemand
helfen will, erklärt ihm sein Vorgänger, den er sehr verehrt: ›Es kam
alles zu plötzlich. Bevor die Leute etwas unternehmen, brauchen
sie erst mal viel Zeit, um darüber zu reden.‹
In diesem Zitat offenbart sich das Wesen von Demokratie: Infor-
mation. Austausch. Mitsprache.«

Erleben Sie etwas. Ich erlebte einmal Folgendes und schrieb es hinterher in meinen Stehsatz für denkbare Einstiege:

»An einem regnerischen Tag fuhr ich Rad in Brandenburg. Die Regenwolken wurden bedrohlicher. Egal. Kurz bevor es losging, sah ich eine offene Garage. Stellte mich unter. Sah Gardinen sich bewegen. Als der Regen aufhörte, kam eine alte Frau aus dem Haus auf mich zu. Ich plauderte sie freundlich an. Sie erzählte, wie beschwerlich das Leben im Alter sei. Und die Dorfgemeinschaft sei längst nicht mehr so wie noch vor der Wende. Einige Nachbarn würden sich nicht einmal mehr grüßen. Wir kamen auf den Walnussbaum in ihrem Garten zu sprechen, der von Jahr zu Jahr weniger Früchte trage. Sie sagte: ›Der will auch nicht mehr.‹ Sie erschrak über ihre eigenen Worte.«

Die passende Rede für diesen Einstieg finde ich noch.

An den Schluss dieses Kapitels möchte ich zwei Einstiege aus meinen Redenschreiberkursen stellen. Ich hatte die Teilnehmer gebeten, über ein Thema ihrer Wahl zu schreiben.

Das erste Beispiel stammt von dem Mediensprecher der Zürich Versicherungs-Gesellschaft AG, Frank Keidel, für ein Vorstandsmitglied:

»[Anrede],
mich zieht es als begeisterten Berggänger in meiner Freizeit in die Alpen. Ich liebe die Bewegung in der Natur und den Geruch der Bergmatten. Er hilft mir, den Kopf auszulüften und auf neue Gedanken zu kommen. Den Aletschgletscher habe ich schon zwei Mal in meinem Leben besucht. Vor zwanzig Jahren als Student und letzten Herbst wieder. Doch als ich dieses Mal an der Bergstation Bettmerhorn ankam, stockte mir der Atem. Wo vor zwanzig Jahren grauweiße Trümmer das Tal bis zur Höhe der Grate füllten, erinnerte mich das Tal an eine halb geleerte Badewanne.

Aus dem Aletschgletscher ist ein Aletsch-Rinnsal geworden.
Es soll Menschen geben, die den Klimawandel noch immer anz-
weifeln. Wer wie ich Bergtouren macht oder historische Fotos ver-
gleicht, ahnt, dass der Klimawandel traurige Wahrheit ist.
Als Versicherer sind wir direkt betroffen. Die Folgen des Klima-
wandels können wir an unseren Schadensstatistiken ablesen.
Flüsse treten über die Ufer, Felsstürze bedrohen Autofahrer und
Bahnreisende, Häuser unserer Kunden sind von Felsstürzen und
Geröllllawinen bedroht.
Wir haben deshalb eine Gefahrenkarte erstellt. Ab Mai kann jeder
unter [...] nachschauen, ob und wie seine Gegend, sein Haus von
Naturgefahren bedroht ist.«

Toll, nicht wahr? Selbst wenn einem große Versicherungsgesellschaf-
ten nicht sympathisch sein sollten. Dieser Mann wirkt sympathisch.
Und damit sein Konzern. Da ist ein Mensch. Jemand wie du und ich.
Der fühlt, genießt, leidet. Wir sind mit ihm auf seiner Wanderung,
wir riechen die frische Luft, wir fühlen uns verbunden.
Dann stockt ihm der Atem. Eine starke menschliche Regung, von
einem Mann in teurem Anzug, hinter einem Rednerpult, in edlem
Ambiente. Das sind die Zuhörer nicht gewohnt.
Aber das alles ist keine Show. Kein Warm-up. Keine Anbiederung.
Diese Einleitung hat einen Zweck. Sie fließt in eine dramatische
Schlussfolgerung: Der Klimawandel ist traurige Wahrheit.
Es folgt, was folgen muss: Der persönliche Augenschein wird unter-
mauert durch Fakten seines Konzerns. Und dann kommt – denn
Betroffenheit allein führt nicht weiter –, dass der Konzern handelt.
Den Klimawandel kann er nicht aufhalten, aber er kann etwas für die
Menschen tun.

Das zweite Beispiel stammt von dem Redenschreiber eines Industrie-
verbands:

»Mein Name ist [...]. Das ist ungarisch. Die Wurzeln meiner Familie liegen aber im heutigen Bosnien. Meine Mutter ist in Salzburg geboren. Ich wiederum bin in einem Weindorf am Oberrhein groß geworden. Mein Onkel kommt aus England, meine Tante aus Polen. Viele meiner Freunde sind mittlerweile über unseren gesamten Kontinent verteilt. Das soll Sie nicht beeindrucken. Das ist gelebter Alltag. Das ist Europa.
Wer hätte das vor siebzig Jahren für möglich gehalten? Damals wurde in vielen unserer Anlagen noch für den Krieg produziert.«

In wenigen Worten, mit kurzen Sätzen vermittelt der Autor anhand seiner eigenen Geschichte, was Europa ausmacht. Brillant der Einschub *»das soll Sie nicht beeindrucken«*. Hier reflektiert einer, nimmt sich trotz seiner persönlichen Geschichte zurück.
Und dann – sehr berührend – der Übergang zur eigenen Verantwortung. Besser kann man das Vertrauen seiner Zuhörer kaum gewinnen.

Mich als Trainer machen solche Beispiele glücklich. Sie zeigen, dass die Rezepte zum besseren Schreiben funktionieren, dass sie schon in relativ kurzer Zeit lernbar sind: kurze Sätze, starke Verben, Beispiele, persönliche Geschichten ...
Sie zeigen darüber hinaus, was in den Leuten steckt, was manchmal einfach nur geweckt werden muss. Denn der starke Rhythmus dieser beiden Einstiege und der authentische Ton lassen sich nicht lehren. Sie entstehen, wenn Menschen ihrem eigenen Sprachgefühl trauen.

6. GLÄNZEN

Was ich von Frau Merkel gelernt habe. Warum Sie Ihre Zuhörer nicht wie Abnicker behandeln dürfen. Und warum Sie auch »Biene Maja« gucken sollten.

Der Hauptteil ist das, was nach dem Einstieg kommt. Lassen Sie nun einfach den Stoff einfließen, den Sie zusammengetragen haben.

Zum Wie möchte ich Ihnen ein paar Tipps geben, die ich zu Beginn meines Redenschreiberdaseins auch gerne gehabt hätte.

Leider viel zu spät fiel mir eine Rede von Frau Merkel in die Hände. Von einem Wahlkampfauftritt im hessischen Seligenstadt, am 14. August 2013, kurz vor der Bundestagswahl. Ich war baff. Die Rede war nicht inhaltlich oder rhetorisch brillant, aber ich war davon überzeugt, dass sie ihren Zweck erfüllt: dass die Zuhörer von Frau Merkel eingenommen sind und sie wählen.

Lesen Sie selbst:

»Ich freue mich, heute hier mit Ihnen zusammen zu sein, mit Volker Bouffier zusammen zu sein, auf diesem wunderschönen Platz, vor dieser traditionsreichen Kulisse, und wir wollen knapp vierzig Tage vor der Wahl, vor der Wahl für Sie in Hessen und im Bund, nun noch einmal mit Ihnen sprechen, welche Fragen, welche Antworten denn wichtig sind für die nächsten Jahre.

Schauen Sie, wir stehen heute hier vorne vor Ihnen. Volker Bouffier als ein erfolgreicher Ministerpräsident, Ihre Abgeordneten aus der Region und ich als die Bundeskanzlerin der Bundesrepublik Deutschland. Ja, wir stellen uns zur Wahl. Aber, meine Damen und Herren, all die, die Sie heute gekommen sind, all die, mit denen Sie darüber sprechen in den nächsten Wochen, im Grunde entscheiden Sie mit Ihrer Entscheidung für die Wahl weniger über uns als vor allen Dingen über Ihr Leben. Es geht um die Frage, wie geht für

Sie in den nächsten vier Jahren auf der Bundesebene oder in den nächsten fünf Jahren in Hessen das Leben weiter.

Eben, als ich hier angekommen bin, mit dem Hubschrauber, da ist ein Mann zu mir gekommen und hat gesagt: Ich arbeite jetzt schon weit über dreißig Jahre. Ich war keinen Tag arbeitslos, immer auf dem Frankfurter Flughafen. Ich bin stolz darauf. Ich möchte, dass das so weitergeht. Und jeder, der einen Arbeitsplatz hat oder der einen Arbeitsplatz möchte, muss sich fragen, wem traue ich mehr zu, dass er Arbeitsplätze schafft? Wem traue ich mehr zu, dass unsere Arbeitsplätze sicher sind?«

Na? Stimmen Sie mir zu? Oder sind Sie enttäuscht von meiner Anhimmelei?

Mir jedenfalls fiel es wie Regen auf den Kopf: In nahezu jedem Satz kommt ein Mensch vor. Entweder die Kanzlerin selbst oder die Zuhörerinnen und Zuhörer oder jemand, den die Kanzlerin gerade persönlich getroffen hat. Ihre Rede wimmelt geradezu vor Ichs, Wirs und Sies.

Das konnte kein Zufall sein. Ich fühlte ein wenig Neid auf die Maschinerie der CDU, die offenbar dafür sorgt, dass Reden derart optimiert werden. Wie viele Meinungsforscher, Sprachforscher und Journalisten müssen da drangesessen haben?

Wenig später lernte ich jemanden kennen, der es wissen musste. Ich erfuhr: Solche Reden schreibt der Kanzlerin niemand auf. So redet Frau Merkel von allein.

Ich nahm mir das Gelernte zu Herzen. Gerade fällt mir auf: Wahrscheinlich ist dieses Buch davon beeinflusst.

Am sichtbarsten wurde es in meiner ersten Rede nach der Lektüre von Frau Merkels Rede. Hier ein Auszug aus meiner Musterrede zur Europawahl:

»In vielen Gesichtern kann ich sie immer wieder lesen [ins Publikum schauen]: die Skepsis gegenüber Europa. Viele fragen sich:

*Was habe ich schon von diesem Europa? Was hat das mit meinem
Leben zu tun? Hat das nicht sogar Nachteile für mich?*

*Europapolitik scheint so weit weg zu sein, so unnahbar, so unfass-
bar. Das Europaparlament vertritt 500 Millionen Menschen, ist
also sehr wichtig. Es hat aber eine Wahrnehmung wie der Kreistag
von Pinneberg.*

*Ich kann gut verstehen, wenn sich jemand von Ihnen sagt: Wer
macht da überhaupt Politik? Ich kenn da keinen.*

*Aber diesmal, bei der Europawahl am 22. Mai, da kennen Sie einen.
Und das ist Martin Schulz. Der aktuelle Präsident des Europaparlaments. Der den Friedensnobelpreis für Europa entgegengenom-
men hat. Der wortgewaltige und leidenschaftliche Europäer.*

*Martin Schulz ist nicht nur der Spitzenkandidat der deutschen
SPD. Er ist der Spitzenkandidat aller sozialdemokratischen Parteien der EU. Zum ersten Mal in der Geschichte Europas haben sich
die europäischen Parteienfamilien auf einen einzigen Kandidaten
geeinigt.*

*Und das hat für Sie, die Wählerinnen und Wähler, eine besondere
Bedeutung: Denn die Parteienfamilie, die am meisten Stimmen im
Parlament erhält, wählt den Kommissionspräsidenten, also den
Regierungschef von Europa.*

*Sie hier im Saal, Sie, Sie, Sie [ins Publikum zeigen], können also
mit Ihrer Stimme darüber entscheiden, ob Martin Schulz aus Wür-
selen bei Aachen Regierungschef von Europa wird.*

*Sie [in die Menge gucken] können dafür sorgen, dass mit Martin
Schulz an der Spitze in ganz Europa Politik mit sozialdemokratischen Werten gemacht wird: Freiheit, Gerechtigkeit, Solidarität.*

*Für ein Europa, das Sie in den unsicheren Zeiten der Globalisie-
rung schützt – als Eltern, als Kinder, als Arbeitnehmer, als Arbeits-
lose, als Rentner, als Verbraucher, als Sparer, als Investor im Netz.«*

Klar, so perfekt wie die Kanzlerin bin ich nicht. Aber ich übe ja noch.

Oder ist das alles zu anbiedernd? Machen Sie daraus, was Sie wollen. Aber mit einem Tipp habe ich garantiert recht: **Wenden Sie sich Ihrem Publikum zu.** Am wirkungsvollsten ist **eine Rede für Menschen, über Menschen, von einem Menschen.**

Von da ist es nicht weit zu einem Tipp, den ich irgendwo aufgeschnappt habe: **Eine Rede ist ein Gespräch.** Also, nehmen Sie sich Zeit, führen Sie Ihre Punkte nachvollziehbar aus. Nehmen Sie Andersdenkende ernst. Messen Sie sich an den stärksten Gegenargumenten. Ja, seien Sie so souverän.

Ihre Zuhörer werden sich freuen, von Ihnen ernst genommen statt wie Abnicker behandelt zu werden. Vielleicht können Sie dadurch sogar Zuhörer überzeugen, die erst einer anderen Meinung waren. Und darum geht es doch.

Zahlen bereichern eine Rede. Wenn Sie Ihre Argumente mit Zahlen belegen, wirkt das nicht nur seriös, sondern ist seriös. Es gibt zwar Menschen, die behaupten, die Zuhörer könnten sich Zahlen nicht merken. Mag sein. Trotzdem bleibt als Gewinn, dass die Zuhörer Ihnen mehr vertrauen. Es weist Sie als seriös aus. Noch seriöser wirken Sie, wenn Sie die Quelle für Ihre Zahlen nennen. Denn es macht einen Unterschied, ob Sie sich auf das Statistische Bundesamt berufen oder auf einen Lobbyverband. Allerdings sollten Sie Reden nicht mit Zahlen überfrachten.

Nehmen wir an, Sie reden über das Thema Ehegattensplitting. Und noch gefährlicher: Sie wollen es abschaffen, was viele Familien viel Geld kosten würde. Als Erstes bringen Sie das Hauptargument der Befürworter des Ehegattensplittings:

»Wenn zwei Menschen von einem steuerpflichtigen Einkommen leben, haben sie weniger Geld, als wenn nur eine Person davon lebt.«

Klingt plausibel. Nun bringen Sie Ihr Gegenargument:

»Auch ein Alleinerziehender muss zwei Menschen von einem Einkommen ernähren. Ein kinderloses Ehepaar mit nur einem Verdiener, der monatlich 2500 Euro brutto bekommt (Steuerklasse 3), hat am Ende 1865,85 Euro netto. Ein Alleinerziehender mit einem Kind (Steuerklasse 2) bei gleichem Bruttoverdienst 1677,41 netto. Ein kinderloser Single (Steuerklasse 1) 1614,50 Euro. Ist das etwa gerecht?«

Dieses Beispiel ist aus der »Bild am Sonntag«. Gut argumentiert. Aber zu viele Zahlen. Kürzen Sie den Zahlensalat am besten ab:

»Auch eine Mutter mit Kind muss zwei Menschen von einem Einkommen ernähren. Bei einem Bruttoeinkommen von 2500 Euro hat sie sogar rund 200 Euro weniger als ein kinderloses Paar mit gleichem Einkommen. Ist das etwa gerecht?«

Hier ein Versuch für einen ernsthaften Diskussionsbeitrag, der nie das Licht der Öffentlichkeit erblickt hat. Das liegt an mir. In vorauseilender Resignation habe ich dergleichen nie meinen Arbeitgebern angeboten. Jetzt, wo ich darüber schreibe, grämt es mich. Ich hätte es wenigstens versuchen sollen.

Es geht um das Reizthema gesetzlicher Mindestlohn. Sagen wir, ich rede dazu im Bundestag als SPD-Abgeordneter am Tag der Abstimmung.

»Das zentrale Argument der Gegner eines gesetzlichen Mindestlohns lautet: dieser kostet Arbeitsplätze. Ich nehme das ernst. Aber von wie vielen Arbeitsplätzen reden wir? 5000 oder 50000? Und ab welcher Zahl ist dieses Argument relevant?

Das zentrale Argument der Befürworter des gesetzlichen Mindestlohns lautet: Jeder soll von einer Vollzeitbeschäftigung leben können. Das verlange die Würde des Menschen.

BÜCHER FÜR DIE GESELLSCHAFT

Für mich ist der Kern unserer Debatte eine Abwägung darüber, was wichtiger ist: der Verlust einer unbestimmten Zahl von Arbeitsplätzen oder die Würde des Menschen.

Ich als Gewerkschafter und Sozialdemokrat bewerte natürlich beides sehr hoch. Am meisten aber zählt für mich die Würde des Menschen, wie sie in Artikel 1 des Grundgesetzes für alle Zeiten niedergelegt ist. Die Würde des Menschen ist unantastbar.

Diese Würde verlangt es meines Erachtens, von einer Vollzeitbeschäftigung leben zu können. Eine reiche Gesellschaft wie die unsere sollte in der Lage sein, das hinzukriegen.

Die Gegner des gesetzlichen Mindestlohns argumentieren, der Staat stocke ja die Niedriglöhne auf, die Würde sei daher gewährleistet.

Dieses Argument ist formal richtig, dennoch teile ich es nicht. Vielleicht offenbart gerade dieses Argument den grundsätzlichen Unterschied zwischen Konservativen und Sozialdemokraten. Uns Sozialdemokraten geht's auch um den Arbeiterstolz, das Gefühl, aus eigener Kraft über die Runden zu kommen, statt um Hilfe bitten zu müssen. Uns geht es um das Gefühl, für unsere Arbeit anständig bezahlt zu werden, unabhängig von den kalten Gesetzen des Marktes.

Wegen solcher Unterschiede zwischen Sozialdemokraten und Konservativen gibt es unterschiedliche Parteien. Dadurch haben die Wählerinnen und Wähler die Wahl. Vielen Dank.«

Ich würde jetzt gerne wissen, was Sie darüber denken. Gerade, wenn Sie den gesetzlichen Mindestlohn ablehnen. Ich hoffe, mein Versuch, redlich zu argumentieren, sagt Ihnen zu.

Ich rate: **Vertrauen Sie auf die Kraft Ihrer Argumente.** Wenn sie Ihnen nicht gut genug erscheinen, um andere damit zu überzeugen, erwägen Sie, Ihre Meinung zu ändern.

Bei alldem dürfen Sie nicht langweilig sein. Fragen Sie sich beim

Schreiben unaufhörlich: Ist das interessant genug? Bleiben die Zuhörer bei der Stange?
Wenn Sie Zweifel haben, bemühen Sie sich um ein Zückerchen.

Lesen Sie sich zum Beispiel folgende Liste durch und überlegen Sie, was davon Ihrer Rede guttun würde. Klar, am Anfang steht natürlich:

Der Mensch. Der Hirnforscher Manfred Spitzer sagt: »*Was den Menschen umtreibt, sind nicht Fakten und Daten, sondern Gefühle, Geschichten und vor allem andere Menschen.*« Dieses Zitat habe ich in dem studierenswerten Lehrbuch »Storytelling für Journalisten« gefunden. Frau Merkel muss es gelesen haben. Wir erinnern uns an den Mann vom Frankfurter Flughafen.

Reden Sie auch dann über Menschen, wenn Sie über Dinge reden sollen. Nehmen wir an, Sie sollen ein Bauwerk würdigen, Ihre neue Filiale. Dann preisen Sie nicht nur die sandsteinfarbene, fließende Architektur. Sondern berichten Sie darüber, was sich der Architekt dabei gedacht hat. Vielleicht wurde er durch seine fünfjährige Tochter inspiriert, die im Sandkasten spielte, oder von einer Übernachtung in der Wüste. Er merkte dadurch, wie beruhigend Sand auf Gemüter und damit auf Kunden Ihres Unternehmens wirkt. Vielleicht wurde er durch seinen besten Freund bestärkt, der Neurologe ist und seine Doktorarbeit über den Zusammenhang von Sand und Gemüt geschrieben hat.
Nicht immer finden Sie eine menschelnde Geschichte, aber suchen Sie danach. Sprechen Sie mit den Menschen, die unweigerlich mit Ihrem Thema zu tun haben. Denn jeder hat etwas zu erzählen, jeder weiß etwas, was andere nicht wissen, jeder hat das Zeug dazu, andere zu inspirieren.

Zitat. Fangen Sie wieder mit Menschen an. Etwa so:

»In Nürnberg habe ich vor ein paar Wochen eine tolle Truppe älterer Damen kennengelernt. Vor fünfzehn Jahren haben die sich zusammengetan, weil sie weder allein leben wollten noch im Heim noch im ›betreuten Wohnen‹. Sie wollen selbstbestimmt leben. Diese Damen verkörpern das Projekt ›OLGA: Oldies Leben Gemeinsam Aktiv‹. Mit der Wohnungsbaugesellschaft Nürnberg fanden sie ein großes Haus, renovierten es und mieten es nun gemeinschaftlich.«

Würzen Sie diese Erzählung mit einem Zitat. Für das folgende Beispiel müssen Sie wissen, dass der Redner im Rentenalter ist:

»Ich hab mir gesagt, vielleicht wär das was für mich, wenn ich älter bin. Ich fragte also eine der Damen von ›OLGA‹, Käthe Säckel, ob ich einziehen könne. Aber sie schaute mich abschätzend an, schüttelte den Kopf und sagte: ›Die Männer meiner Generation kann man total vergessen, für die muss man nur kochen und bügeln.‹«

Beispiel. Dazu brauche ich nichts mehr zu sagen, oder? Das ganze Buch ist voller Beispiele. Denken Sie sich mal die Beispiele weg.

Bild. Nehmen wir an, ein Minister reagiert nicht auf Gerüchte, ein finanzielles Großprojekt sei zum Scheitern verurteilt. Als er schließlich die Notbremse zieht, sind zusätzliche Millionen vergeudet. Der Minister rechtfertigt sich, er habe schließlich aus seinem Ministerium keine offizielle Vorlage bekommen. Ihre Kritik daran könnten Sie wie folgt verbildlichen:

»Wie bitte? Wenn's bei mir im Haus brennt und jemand ruft ›Feuer‹, dann brauche ich doch auch keine schriftliche Vorlage, um das Haus zu räumen.«

Und wenn Sie jemandem Realitätsverlust vorwerfen, könnten Sie das folgendermaßen tun:

»Das ist ungefähr so, als ob jemand im Winter vor seiner Strandmotiv-Tapete steht und sich mit Sonnenmilch einreibt.«

Nehmen Sie sich vor, solche Bilder zu finden. Zu mir jedenfalls kommen sie nicht von allein. Ich muss mich darum bemühen.

Selbstkritik oder Selbstironie. Wenn Sie zum Beispiel ein paar Pfunde zu viel auf den Rippen haben und souverän genug sind, das zu thematisieren, ernten Sie Heiterkeit und Sympathie. Stellen Sie sich vor, Sie wollen Ihr Unternehmen voranbringen. Dann können Sie Ihre Ansprache wie folgt beginnen:

»Dass wir besser werden müssen, weiß doch jeder hier im Raum. Darüber zu reden, ist aber nicht immer ganz leicht. Ihr kennt das: Wenn man ein paar Kilos zu viel auf den Hüften hat, dann wird man darauf nicht so gerne angesprochen. Aber im Innersten weiß man doch: Man muss sich eigentlich wieder mehr bewegen. – Genau darum geht es: Wir müssen uns wieder ein bisschen mehr bewegen.«
Der Moderator Oliver Welke hat in der fantastischen Satire-Sendung »heute-show« die Selbstironie zu seinem Markenzeichen gemacht. Ständig spielt er auf seine Figur oder seine wenigen Haare an. Ist selten witzig, aber trotzdem sinnvoll, weil die Sendung dadurch dem Eindruck entgegenwirkt, überheblich und selbstgefällig zu sein.

Fragen. Ein Teilnehmer einer meiner Kurse schrieb in einer fiktiven Dankesrede:

»Der Konzern [...] ist Unternehmen des Jahres 2014. So weit, so gut. Aber was heißt das überhaupt? Der Konzern? Letzte Woche hat meine Frau ein Bild gekauft. Ich erkannte nur ein unscharfes Foto. Erst beim genaueren Hinsehen sah ich: Das Bild bestand aus vielen tausend kleinen Fotos. Alle zusammen verbanden sich zu einem großen Ganzen. Ein Mosaik. Ein Mosaik wie der [...]-Konzern. Nicht der Konzern hat Rekordergebnisse erzielt. Die vielen

Mitarbeiterinnen und Mitarbeiter, die den Konzern ausmachen, haben das erreicht.«

Fünf Sinne. In einem Beitrag des »ZDF« zu Griechenland hieß es: *»Griechenland riecht nach Tränengas und klingt nach zersplitterndem Glas.«* Gut, oder? Damit werden schon mal das Riechen und das Hören bedient. Fehlen noch das Sehen, Schmecken und Tasten.

Sprichwort. Deutsche Sprichwörter sind sagenhaft weise. Sie haben selten mehr als zehn Wörter. Zum Beispiel: *»Wer andern eine Grube gräbt, fällt selbst hinein.«* Der Nachteil: Weil sie jeder kennt, können Sie damit nicht punkten, außer Sie verfremden sie.
Ein »Zeit«-Bericht (7.8.2014) thematisiert den Roman »Der Circle« von Dave Eggers, der die Google-Welt beschreibt. Darin steht: *»Ein Gehirn wäscht das andere«* (statt: *»Eine Hand wäscht die andere«*). Der Roman heißt in der deutschen Übersetzung wirklich »Der Circle«. Nur damit Sie nicht denken, ich würde so einen Blödsinn verzapfen.

Bei den Chinesen finden Sie unverbrauchte Sprichwörter. Wie zum Thema Investitionsstau: *»Ein chinesisches Sprichwort besagt: Die eine Generation baut die Straße, auf der die nächste fährt.«*
Zum Thema Zeitdruck mag ich folgende chinesische Redewendung: *»Von einem galoppierenden Pferd aus Blumen betrachten.«*

Vergleich. Ich habe nicht viel übrig für Vergleiche. Häufig verwirren sie, statt aufzuklären. Man ahnt, da stimmt was nicht, das lässt sich nicht wirklich vergleichen, braucht aber einige Zeit, um zu verstehen warum.

Beispiel: Jemand lehnt den Einfluss des Staates auf das Gesundheitswesen mit der Begründung ab, der freie Markt regle das besser. Es sei wie mit den neuen Flachbildschirmen. Je mehr sie nachgefragt würden, desto preiswerter seien sie. Inzwischen könne sich jeder einen Flachbildschirm leisten.

Hört sich plausibel an, aber die Gesundheit von Menschen unterliegt möglicherweise anderen Gesetzmäßigkeiten als die Entscheidung für Flachbildschirme.

Im Deutschen kennen wir einen schönen Kommentar dazu: »*Äpfel mit Birnen vergleichen.*«

Warum vergleichen wir? Weil wir nicht in der Lage sind, anders zu überzeugen? Vergleiche finde ich verdächtig.

Allerdings können Vergleiche sinnvoll sein. Wenn sie dem Verständnis dienen statt der Argumentation. »Die Zeit« schrieb in ihrem Bericht über »Die Pendlerrepublik« (22.5.2014) davon, »*dass Pendler ähnliche Stressniveaus erreichen wie von Fallschirmspringern oder von Kampfjetpiloten*«.

In demselben Artikel steht: »*Sechs Millionen Pendler haben es weiter zur Arbeit als 25 Kilometer. Sie bringen es zusammengerechnet pro Tag auf die Strecke zur Sonne und zurück.*«

Geradezu wichtig sind Vergleiche, wenn wir von Maßeinheiten sprechen. Wer weiß schon, wie groß 100 Hektar sind. Sind das etwa 100 000 Maß Bier?

Werte. Stellen Sie nicht nur dröge Forderungen auf. Argumentieren Sie nicht nur mit Fakten. Das macht die Gegenseite auch. Und wer kann schon alle Fakten beurteilen? Zu Werten aber hat jeder eine Meinung. Wenn die Werte des Redners mit meinen übereinstimmen, dann vertraue ich ihm eher, dass er die richtigen Schlüsse daraus zieht. Statt vehement Instrumente wie die Finanztransaktionssteuer zu fordern und das Trennbankensystem und die Bankenabgabe, können Sie werben für:

»*[...] ein Europa, das Gemeinwohl über wirtschaftliche Einzelinteressen stellt. Kulturelle Vielfalt über Anpassung. Lebensqualität über Anhäufung von Reichtum. Nachhaltige Entwicklung über Ausbeutung von Mensch und Natur. Universelle Menschenrechte über das Recht des Stärkeren [...]«*

Erzählstil. Plaudern Sie einfach mal. Das entspannt.

»Stellen Sie sich vor, meine Damen und Herren, vor einiger Zeit sprach ich mit einem Handwerker, und der erzählte mir, dass etwa jede zweite Rechnung erst nach einer Mahnung beglichen wird und jede sechste gar nicht.«

Noch besser, weil individueller:

»Stellen Sie sich vor, meine Damen und Herren, vor einiger Zeit sprach ich mit einem Handwerker, und der sagte mir: ›Die meisten Kunden sind Knickstiebel. Die drehen mir die Luft zum Atmen ab.‹ Traurig, aber wahr: Ohne Mahnung zahlt nur jeder Zweite. Und jeder Sechste gar nicht.«

Aber bitte kein Zitat erfinden.

Jetzt kommen wir zum richtig großen Kino: wie es Ihnen gelingt, die Zuhörer mitzureißen. Wahrscheinlich wollen Sie das gar nicht. Hier sind dennoch einige Anregungen:

Yes we can's. Oder anders gesagt: Bringen Sie die Meute der Zuhörer dazu, Ihre Worte mitzusprechen. Das vielleicht berühmteste Beispiel ist Barack Obamas *»Yes we can«*. Das hat Obama übrigens von der Zeichentrickfigur Bob the Builder geklaut. Also halten Sie die Augen auf. Vielleicht werden Sie bei »Biene Maja« fündig.

Ich habe einmal selbst versucht, die Menge mitsprechen zu lassen. Bei einer Aschermittwochsrede. Die Rednerin hielt sich tapfer an meinen Vorschlag, aber es zündete nicht so recht. Das Publikum schaute eher interessiert dem Projekt zu, es zum Lachen und Mitmachen zu bringen. An der Rednerin lag's nicht.

Ich hatte mir einen Abzählreim ausgedacht mit den Ministern der damals aktuellen schwarz-gelben Bundesregierung. Ich hoffte, das Publikum werde irgendwann das Reimwort am Ende jedes Satzes mitsprechen. Es klang etwa so:

»Fünfzehn kleine Ministerlein, die konnten sich nicht mehr sehn, Außenminister Westerwelle verrannte sich im alten Rom, da waren es nur noch vierzehn.

[...]

Dreizehn kleine Ministerlein, die zerrissen sich wie die Wölf, Kanzleramtsminister Pofalla tauchte bei der NSA unter, da waren es nur noch zwölf.

[...]

Neun kleine Ministerlein, die waren in Habacht, der Verteidigungsminister Jung, nee, zu Guttenberg, nee, das macht ja jetzt der de Maizière, na, jedenfalls der dritte Verteidigungsminister ist nur noch ein Schatten seiner selbst, da waren es nur noch acht.

[...]

Sieben kleine Ministerlein fanden die Pannenserie bei der Bahn wie verhext, Verkehrsminister Ramsauer verkühlte sich im ICE, da waren es nur noch sechs.

[...]

Vier kleine Ministerlein, die scherten sich nicht um CO zwei, Umweltminister Altmaier aß zu viel, da waren es nur noch drei.«

War es vom Publikum wirklich zu viel verlangt, die Zahl am Ende jedes Satzes mitzuschmettern?

Nun gut, vielleicht war es einfach zu albern. Oder ich hatte zu viel Wissen vorausgesetzt, zum Beispiel, dass Guido Westerwelle von

»spätrömischer Dekadenz« bei Hartz-IV-Empfängern gesprochen hatte.
Jedenfalls haben Sie jetzt eine Ahnung davon, wie es gehen könnte.
Machen Sie es besser.

Einprägsame Wiederholung. Wenn Sie schon nicht erreichen, dass die Zuhörer Ihre Worte mitsprechen, werden Sie ja wohl wenigstens hinkriegen, mit einer simplen, sich ständig wiederholenden Redewendung in die Geschichte einzugehen. Sie müssen sie nur oft genug bringen, damit alle begreifen, dass Sie sich nicht unabsichtlich wiederholen. Damit haben Sie übrigens gleich die Gliederung im Sack.

Charles de Gaulle hat in seiner berühmten Rede an die deutsche Jugend von 1962 in Ludwigsburg immer wieder gesagt: *»Ich beglückwünsche Sie …«* Wir kommen später auf diese Rede zurück.
Fast jeder kennt *»I have a dream«* von Martin Luther King aus seiner Rede vom 28. August 1963 in Washington D.C. Angeblich ist ihm diese Formulierung spontan während seiner Rede eingefallen. Er hat sie dann sieben Mal wiederholt, wenn ich richtig gezählt habe. Also: Lassen auch Sie sich etwas Brillantes während Ihrer Reden einfallen. Keine Bange, ich scherze.

Ich hab's mal versucht mit der Redewendung: *»Ein besseres Leben bedeutet …«* Das habe ich durch die ganze Rede gezogen, womit ich den denkbar einfachsten Redeaufbau hatte, der auch leicht zu merken war. Leider hat mir diese Rede niemand abgenommen. Ich hätte damit wohl zur Caritas gehen müssen.

Trotzdem ist das Prinzip erfolgsversprechend. Und wenn Sie diese Redewendungen immer wieder kurz hintereinander bringen, können Sie sogar einen Sog aufbauen, bei dem sich die Nackenhaare der Zuhörer aufrichten. Wie bei folgender Passage aus einer Wahlkampfrede:
»Wir werden für gute Löhne für alle sorgen!

Wir werden für gute Noten aller Schüler sorgen!
Wir werden für ständig blauen Himmel sorgen!
Wir werden für Lottogewinne für alle sorgen!
Wir werden für Freibier sorgen!
Wir werden für pinkelfreie Nächte für alte Männer sorgen!«

Ok, das war nicht ernst gemeint. Aber ich wollte schon immer mal die Werbung der Arzneimittelindustrie gegen nächtlichen Harndrang aufspießen.

7. ENDEN

Warum eine Rede nicht wie »Born to be wild« aufhören darf. Warum das Wichtigste am Schluss stehen kann – oder auch nicht. Und warum der Schluss nicht unbedingt das Ende ist, sondern auch ein Anfang.

Der beste Schluss einer Rede seit Langem besteht aus zwei Wörtern: *»Danke, Deutschland.«*
Der deutsch-iranische Schriftsteller Navid Kermani sprach diese Worte zur Feierstunde »65 Jahre Grundgesetz« im Deutschen Bundestag am 23. Mai 2014. Sie finden die ganze Rede im letzten Kapitel.
»Danke, Deutschland«. Na und? Zwei Allerweltsworte. Und zudem ein bisschen anbiedernd – oder? Nicht nach der fulminanten Rede, die Kermani zuvor abgeliefert hatte. Ein Wechselbad der Gefühle. Mindestens ein Abgeordneter verließ aus Protest den Saal.
Diese zwei Wörter am Schluss banden alles zusammen. Sie waren ein nachvollziehbarer, tief empfundener Schlusspunkt, der das bewegte, wohl auch verunsicherte, zumindest nachdenkliche Publikum versöhnlich entließ.

Was ich damit sagen will? Auf die ganze Rede kommt es an. Ein Schluss ist nur so gut wie seine Rede. Und nicht nur auf die Worte kommt es an. Sondern auf ihre Bedeutung. Vielleicht erwähne ich das deshalb, weil in anderen Ratgebern so viel über die Wichtigkeit des Schlusses steht.

»Arbeiten Sie auf den Höhepunkt hin«, heißt es etwa bei Klaus Jentzsch. *»Das Ihrer Ansicht nach beste Argument verwenden Sie am Schluss, da bekanntlich ein guter Schluss alles ziert.«*

Imai-Alexandra Roehreke empfiehlt sogar, die Rede vom Schluss her aufzubauen, weil dieser am ehesten hängen bleibe und damit das Wichtigste sei: *»Die ganze Rede ist auf den Appell zugespitzt, und der muss am Ende kommen, um seine Wirkung zu entfalten.«*

Ich will nicht widersprechen. Aber dann hätte ich bislang alles falsch gemacht. Mit dem Schluss beschäftige ich mich immer erst am Schluss. Ein Schluss ist für mich der angemessene Abschluss einer durchgehend guten Rede. Trotzdem muss er erst mal geschrieben sein.

Häufig ergibt sich bei mir der Schluss einfach so. »Das ist ein guter Schluss«, denke ich – und höre auf.

So wie bei der Rede anlässlich der Verleihung des Willy-Brandt-Preises an den norwegischen Ministerpräsidenten Jens Stoltenberg. In Norwegen hatte ein rechtsterroristischer Attentäter auf der Insel Utøya 77 Menschen getötet. Stoltenberg hatte als Ministerpräsident nicht mit Law-and-Order-Rhetorik reagiert, sondern mit dem berühmten Satz: *»Norwegen wird diesen Angriff beantworten mit mehr Demokratie, mehr Offenheit und mehr Solidarität, aber niemals Naivität.«*

Ich war noch voll im Redefluss und schrieb:

»Es wird sich wohl nie verhindern lassen, dass unsere Werte durch terroristische Akte auf die Probe gestellt werden. Aber wir können

verhindern, dass sie unsere Werte infrage stellen. Dazu müssen wir Tag für Tag für unsere Werte streiten. Und sie nicht nur vor uns hertragen. Sondern sie auch leben.«

Hoppla, dachte ich. Dieser letzte Satz, der hat Schluss-Qualität. Ausreichend kurz, mit einem starken Wort am Ende. Und nicht nur einfach irgendein Gedanke in einer Kette von Gedanken. Sondern ein übergreifender Gedanke. Der die Zuhörer mit einem Auftrag entlässt. Allerdings ging es um eine Preisverleihung. Der Preisträger stand im Mittelpunkt. Die Rede sollte mit ihm aufhören.

Also legte ich nach:

»Das ist das Vermächtnis von Willy Brandt.
Deshalb verleihen wir diesen Preis.
Und deshalb ist unser heutiger Preisträger Jens Stoltenberg.«

Ja, das hatte Schwung. Das ließ sich rhythmisch sprechen. So konnte die Rede aufhören.

Als ich aber wie immer am Ende einer Rede meine Stoffsammlung überflog, merkte ich, dass ich etwas vergessen hatte: den Vater von Jens Stoltenberg. Jemand hatte mich gebeten, ihn zu erwähnen.

Also noch mal ran:

»Lieber Jens,
dein Vater Thorvald Stoltenberg, an den wir uns als norwegischen Außen- und Verteidigungsminister noch gerne erinnern, kannte Willy Brandt gut. Ich bin sicher, für ihn ist es eine besondere Freude, dass du im Namen Willy Brandts ausgezeichnet wirst. So wie es auch für Willy Brandt eine besondere Freude gewesen wäre. Bitte bestell deinem Vater unsere herzlichen Grüße.
Vielen Dank.«

Dieser Schluss ist nun wirklich nicht bedeutsam. Aber Jens Stoltenberg wird gerührt sein und wir sind es mit ihm.

Nicht immer ist es so einfach. Manches Mal sitze ich da, habe die Rede fertig, alle Gedanken reingebracht, aber noch keinen Schluss. Denn so eine Rede soll ja nicht einfach ausläppern wie etwa der Klassiker »Born to be wild« von Steppenwolf, der am Schluss immer leiser wird, bis nichts mehr zu hören ist. Nein, eine Rede braucht einen Schlusspunkt.

Wie kriegt man den hin? Sprachlich ist es recht einfach. **Schließen Sie mit einem kurzen Satz.**
Aber was für einem? Schön finde ich, wenn nicht wie auf einer Beerdigung ein Sargdeckel fällt. Wenn nach der Rede etwas beginnt. Wenn sich die Zuhörer animiert fühlen, etwas zu tun: ob zu singen, zu tanzen oder die Welt zu verbessern.

Hier ein paar Anregungen:

Danken Sie.

»*Danke, Deutschland.*«

Überreichen Sie ein Geschenk. Anlässlich einer Verabschiedung kann man kaum besser aufhören als mit einem Geschenk. Das kann man zum Beispiel wie folgt präsentieren:

»*Jetzt möchte ich dir noch eine Kleinigkeit überreichen. Habe ich auf dem [...] Flughafen entdeckt. Da musste ich gleich an dich denken.*
Ein Tintenfüller mit austauschbaren Spitzen und zwei Tintenfässern. Drängt sich ja geradezu auf, dass so was zu dir passt: ist traditionell, hat Stil und Klasse.
Dazu noch ein Tintenfass mit roter Farbe. Für Briefe an deine Liebsten – und an die SPD.
Vielen Dank.«

Und wenn Sie mal in die Verlegenheit kommen, die neue leckere H-Milch Ihres Unternehmens anpreisen zu müssen, kündigen Sie doch am Ende Ihrer Rede an, allen Zuhörern ein Sixpack davon zu schenken.

Holen Sie die Zuhörer ins Boot. Hier ein Beispiel von meinem Redenschreiberkollegen Wolfgang Silbermann: Ein Politiker redet beim Sparkassentag und macht Reformvorschläge, die nicht jeder im Publikum teilt. Die Rede könnte damit aufhören, die Zuhörer ins Boot zu holen:

»Lassen Sie uns den Wandel gemeinsam gestalten. Die Politik wird dabei den Taktstock führen, aber das Orchester, das sind Sie.«

Bringen Sie einen Knaller. Zum Beispiel: *»Deshalb trete ich mit sofortiger Wirkung zurück.«* Allerdings finde ich es problematisch, die Zuhörer mit so etwas auf die Folter zu spannen.
Wie wär's damit? Ich lasse eine Künstlerin zu Wort kommen, in einer Rede über Kulturpolitik. Ich zitiere die Künstlerin, wie schwer es Künstler hätten, über die Runden zu kommen. Dass manche aber selbst schuld daran seien, *»weil sie so anspruchslos sind, man könnte auch sagen, extrem pflegeleicht«.* Darauf aufbauend schließt die Rede mit dem Satz der Künstlerin: *»Ich bin für eine kapitalistische Grundausbildung an den hiesigen Kunsthochschulen.«*
Peng.
Eine logische Schlussfolgerung aus der Kritik an der Selbstausbeutung. Trotzdem, aus dem Mund dieser jungen, sozial eingestellten Künstlerin, ein Knalleffekt.

Schließen Sie mit der zentralen Aussage. Ich mag es, den Zuhörern von Anfang an zu sagen, wo der Hase hinläuft. Indem ich erst meine zentrale Aussage bringe und die dann untermauere. Trotzdem können Sie die zentrale Aussage noch mal am Schluss bringen, am besten mit anderen Worten.

Aber man kann das Beste auch für den Schluss aufbewahren, so wie Eltern es machen, wenn sie Kindern etwas zum Geburtstag schenken.

Beispiel: Sie reden vor Unternehmern über gute Unternehmensführung, »CSR« genannt, was so viel heißt wie »Corporate Social Responsibility«, also soziale Verantwortung von Unternehmen. Puh. Sie können natürlich moralisieren, aber mit Betroffenheitsrhetorik kommen Sie meistens nicht weit. Sie führen also Beispiele auf, wie sich sozial umstrittene Unternehmensführung gerächt hat, bei Schlecker zum Beispiel. Und wie sich soziale Unternehmensführung lohnt, wie bei anderen Drogeriemärkten. Sie schließen mit dem zentralen Satz: *»Soziale Unternehmenspolitik liegt in Ihrem ureigensten Interesse.«*

Verbünden Sie sich mit den Zuhörern. Der vielleicht berühmteste emotionale Schluss einer Rede – er hat die Zuhörer eines ganzen Landes für den Redner eingenommen – stammt von John F. Kennedy: *»Ich bin ein Berliner.«*
Der ganze Satz lautet:

»Alle freien Menschen, wo immer sie leben mögen, sind Bürger dieser Stadt West-Berlin, und deshalb bin ich als freier Mann stolz darauf, sagen zu können: Ich bin ein Berliner.«

Appellieren Sie an die Zuhörer. Zum Beispiel zu spenden oder Ihnen zu verzeihen.
Oder Ihnen fällt etwas Großes ein, wie Richard von Weizsäcker in seiner Rede »Zum 40. Jahrestag der Beendigung des Krieges in Europa und der nationalsozialistischen Gewaltherrschaft«. Das ist die Rede mit dem historischen Satz: *»Der 8. Mai war ein Tag der Befreiung.«*

Der letzte Satz lautet: »*Schauen wir am heutigen 8. Mai, so gut wir es können, der Wahrheit ins Auge.*«
Er könnte kürzer sein. Aber gerade der Einschub »*so gut wir es können*« gefällt mir. Er ist so anrührend menschlich.

Schlagen Sie einen Bogen. Das ist der klassische Schluss. Wirkt am besten, wenn die Rede so kurz ist, dass sich die Zuhörer an den Anfang erinnern können.
Beispiel: eine Rede zu Ehren von IG-Metall-Chef Detlef Wetzel, die ich für dieses Buch entworfen habe. Ich bediente mich dafür aus dem Artikel »Ein Imker für die Arbeiter« aus der »Zeit« (19.2.2007).
Hier der Einstieg:

»*Lieber Detlef,*
ich kann mich gut erinnern, wie ich einmal bei dir im Garten stand. Wie du dein Ohr an einen grünen Holzkasten gelegt und zufrieden genickt hast. Das Summen der Bienen im Bienenstock war offenbar Musik in deinen Ohren. Sieben Bienenvölker hast du unter deiner Obhut. Zwei mehr als vorgesehen. Denn der übliche Schwund blieb aus: kein Abgang in einen neuen Staat, keine Seuchen. Ein bisschen stolz sagtest du: ›*Es werden immer mehr, weil alles so gut läuft.*‹
Ja, für Massenorganisationen hast du offenbar ein Händchen.«

Ich komme zum Schluss und damit wieder zu den Bienen zurück:

»*Zur Entspannung kommst du selten. Mal kochen zusammen mit deiner Frau, mal ein Krimi. Und dann ist da natürlich die Bienenzucht. Ich habe dich gefragt, was dich daran so fasziniert. Deine Antwort habe ich nicht vergessen. Du sagtest:* ›*Es geht um sehr komplexe Abläufe. Die Kunst des Imkers ist: wenig, aber gezielt einzugreifen und das Bienenvolk so zu unterstützen, dass am Ende ein gesundes Volk, guter Ertrag und allgemeine Zufriedenheit stehen. So ähnlich wie bei der Kunst eines Gewerkschaftsführers.*‹«

Schlussapotheke. Für Peer Steinbrück haben wir Redenschreiber den Schluss der Reden mit »*Schlussapotheke*« überschrieben. Bislang habe ich über das Wort nie nachgedacht. Dabei sagt es viel aus. Zum Beispiel, dass sich die Zuhörer danach wohlfühlen sollen. Also geben Sie ihnen, was sie verlangen. Rühren Sie ihr Herz und tun Sie das mit einem stilistischen Kniff, den ich schon im Kapitel »*Glänzen*« erläutert habe: **Bauen Sie einen Sog auf**, der darauf hinführt, worauf es Ihnen ankommt.

»Ich will Bundeskanzler werden, für ein Land,
in dem es nicht darum geht, den Wohlstand zu verwalten, sondern ihn zu mehren,
in dem es nicht darum geht, wo du herkommst, sondern wo du hinwillst,
in dem Bildung nicht eine Ware ist, sondern ein Recht,
in dem es zweite und dritte Chancen gibt,
in dem Vielfalt eine Stärke ist,
in dem das Ersparte sicher ist vor der Zockerei von Banken an den Börsen,
in dem alle von ihrem Lohn leben können,
in dem Frauen und Männer nicht nur rechtlich, sondern tatsächlich gleichberechtigt sind.
Wir haben es gemeinsam in der Hand, in welcher Gesellschaft wir leben wollen.
Dazu brauchen wir den Wechsel.
Mit Rot-Grün. Und mit mir als Bundeskanzler.
Darum bitte ich um Ihre Stimme.«

Heute wissen wir: Dieser Schluss hat das Wahldebakel der SPD nicht verhindert. Aber sehr wahrscheinlich hätte die SPD sonst noch weniger Stimmen gekriegt.
Haben Sie die Ironie erkannt? Ich hoffe es. Ich sag's ja: Ironie ist gefährlich.

8. EINE REDE UND WIE SIE ENTSTANDEN IST

Warum ich Ihnen eine Rede von mir präsentiere. Die allerdings nie gehalten wurde. Mit anderen Worten: Jetzt geht es darum, ob Sie mich als Lehrer ernst nehmen können.

In meinen Kursen wollen die Teilnehmer häufig eine Rede von mir lesen. Wahrscheinlich, um zu sehen, ob ich außer zu meckern auch selber schreiben kann. Hier also eine Rede von mir und wie sie entstanden ist.

»Laudatio auf Aung San Suu Kyi, Nobelpreisträgerin aus Myanmar. Anlass: Verleihung des Willy-Brandt-Preises.

Sehr geehrte, liebe Aung San Suu Kyi,

Sie sind in diesen Tagen zum ersten Mal in Ihrem Leben in Deutschland. Ich darf sagen: Unser Land freut sich sehr. Wir hier im Willy-Brandt-Haus freuen uns sehr. Und ich bin sicher, Willy Brandt hätte es als eine große Ehre empfunden, dass Sie einen Preis, der nach ihm benannt ist, entgegennehmen. Einen Preis für herausragende Persönlichkeiten, die sich im Sinne des ehemaligen deutschen Bundeskanzlers und Friedensnobelpreisträgers Willy Brandt in besonderer Weise für internationale Verständigung, Freiheit und Frieden einsetzen.

Sehr geehrte, liebe Aung San Suu Kyi,
Willy Brandts zeitloser Ruhm bündelt sich in einem Satz: ›Mehr Demokratie wagen.‹ Und weltweit in einer Geste: seinem Kniefall in Warschau. Demütig, ausgerechnet er, der keine Schuld auf sich geladen hatte.

Ihre herausragende Bedeutung, sehr geehrte Aung San Suu Kyi, lässt sich nicht in einem Wort, in einer Geste erfassen. Es sind Ihr jahrzehntelanges Erdulden, Ihre jahrzehntelange Hartnäckigkeit, die Sie weltweit zum Symbol für Frieden, Freiheit und Demokratie gemacht haben.

Demütig wirken auch Sie, wie so viele wirklich bedeutende Menschen. Nicht sich selbst, sondern Ihr Anliegen stellen Sie in den Mittelpunkt. Nicht den Auftrumpfern, Machtmenschen und Herrschenden gilt die Sympathie der Völker, sondern denen, die ihren Einfluss gerade daraus beziehen, dass sie im Volk verwurzelt sind. Die die Sehnsüchte der einfachen Menschen widerspiegeln. Die zwar herausragen, aber sich nicht selbst erheben.

Die christliche Kultur beginnt nicht ohne Grund mit einem, der freiwillig für die Schuld anderer büßt, mit Jesus Christus. Schon viele Jahre vorher, zwischen 560 und 480 v. Chr., hat Gautama Buddha Demut gepredigt. Demut, die darin besteht, dass wir vom Gefühl unserer eigenen Wichtigkeit frei sind.

In diesem Geiste gibt es einige wenige Persönlichkeiten, die weltweit nicht nur Achtung, sondern auch Liebe erfahren, über alle Grenzen hinweg: völkische Grenzen, geschlechtliche, politische, religiöse. Mahatma Gandhi war ein solcher Mensch, Mutter Teresa, Nelson Mandela. Sie haben die Welt zu einem besseren Platz gemacht, durch ihre Bescheidenheit, ihre Bereitschaft, sich für andere aufzuopfern, und ihre Beharrlichkeit, für zeitlose Werte einzutreten. Sie, Aung San Suu Kyi, gehören zu diesem besonderen Kreis dazu.

Wer allein die nüchternen Stationen Ihres Lebens liest, ein Fakt an den anderen gereiht, schnappt bereits unwillkürlich nach Luft. So dramatisch ist das, was Ihnen in Ihrem Leben widerfahren ist. Ihr Vater, der Freiheitsheld Ihres Landes, ermordet, als Sie zwei Jahre alt waren. Gelebt in Indien, in England, in Japan. Zurück in die Heimat wegen einer Krankheit Ihrer Mutter. Sturz des Militärdiktators Ne Win. Blutige Aufstände. Gründung der Nationalen Liga für Demokratie mit Ihnen als Parteivorsitzende. Verbot Ihrer Kandidatur für die Wahlen. Erste Verhaftung. Hungerstreik. Ihre Partei gewinnt, aber die Wahl wird nicht anerkannt. Nobelpreis. Immer wieder Hausarrest. Ihr Mann stirbt, den Sie bis zu seinem Tod vier Jahre lang nicht gesehen haben. Wieder Gefängnis. Wieder Hausarrest. Wieder Gefängnis. Wieder Hausarrest. Im März 2010 von den Parlamentswahlen ausgeschlossen.

Ingesamt fünfzehn Jahre standen Sie unter Hausarrest oder waren im Gefängnis. Ausgerechnet Sie, die Sie vorher in drei verschiedenen Kulturen gelebt hatten. Sie, die Sie die ganze Welt inspiriert haben mit Ihrem unbändigen Drang nach Freiheit, nicht für sich selbst, sondern für Ihr Volk und für alle Menschen, die sich nach Freiheit sehnen. Ausgerechnet Sie, das Symbol für Freiheit, Ihrer persönlichen Freiheit beraubt.

Doch dann der gloriose Tag des 1. April 2012, als Sie ins Parlament gewählt werden. Auf Fotos von diesem Tag sieht man nicht einfach nur jubelnde Anhänger, wie sie überall auf der Welt zu sehen sind, wenn ihre Partei oder ihre Kandidaten gewinnen. Man sieht, wie sich freudestrahlende Menschen mit der Hand an die Stirn fassen – und damit nicht nur fassungsloses Glück ausstrahlen, sondern auch fassungsloses Staunen darüber, das dieses Wunder eintreten konnte, ja, ein Wunder.
Ein Wunder, das nichts mit Glück zu tun hat, das nicht vom Himmel fiel, das vielmehr mit viel Hingabe erlitten wurde. Ein Wunder, das Hoffnung auf ein besseres Leben für Millionen von Menschen verspricht.

›I feel like I want to dance‹, sagte einer Ihrer Anhänger stellvertretend für so viele andere an diesem Tag. Gleichzeitig ging auf dem-

selben Kontinent, in Syrien, das Morden von Oppositionellen weiter. Der syrische Diktator, Baschar al-Assad, ignorierte einen zwei Tage vorher unterbreiteten Friedensplan des Sonderbeauftragten der UNO und der Arabischen Liga Kofi Annan. Aber auch für dieses Syrien und die vielen anderen Länder auf der Welt, in denen Freiheit unterdrückt wird, war dieser 1. April 2012 in Myanmar ein hoffnungsvoller. Er zeigt: Selbst eine fünfzig Jahre währende Diktatur kann sich öffnen. Der Fluss der Freiheit lässt sich zwar aufhalten, aber irgendwann, das ist gewiss, bricht er sich Bahn. Das haben wir nicht zuletzt auch in Deutschland erlebt.

Ihr Lebensweg, sehr geehrte Aung San Suu Kyi, macht einen demütig, macht mich demütig.

Aber das wollen Sie wahrscheinlich gar nicht hören. Denn zu der Ikone, als die Sie gesehen werden, haben Sie sich nicht selbst gemacht. Wer Ihre Rede nachliest, die Sie bei der Verleihung des Friedensnobelpreises gehalten haben, wird unwillkürlich berührt davon, dass da ein ganz irdischer Mensch spricht, eine Frau und Mutter. Sie beginnen Ihre Rede mit einem Gespräch zwischen Ihnen und Ihrem Sohn; damit, wie Sie scherzen, wie Sie lachen. Sie sprechen im weiteren Verlauf Ihrer Rede von Harmonie, von Glück und insbesondere, ich sage es auf Englisch wie Sie, von ›kindness‹. Und davon, dass es nicht genug ›kindness‹ geben kann auf der Welt. ›Kindness‹ heißt im Deutschen so viel wie ›Nettigkeit‹, ›Freundlichkeit‹, ›Liebenswürdigkeit‹. Wann hat je eine Ikone solchen Wörtern eine solche Bedeutung gegeben? Zum Vokabular von Herrschern gehören sie jedenfalls nicht.

Sie gelten als warmherzige Person, die humorvoll ist und viel singt und tanzt. Es ist wohl diese Menschlichkeit, die man aufbringen muss, um das zu überstehen, was Sie überstanden haben. Und es ist wohl diese Menschlichkeit, die man aufbringen muss, um unzähligen Menschen Hoffnung zu geben.

Seit Langem sind Sie schon in den Herzen der Menschen. Seit Kurzem sind Sie auch in der Volksvertretung Ihres Landes.
Das ist ein schwieriger Schritt. Ein Schritt, mit dem Sie sich erneut in den Dienst Ihres Volkes stellen. Auf die Gefahr hin, dass ein Idol wie Sie in den Mühlen des Alltags zerrieben wird.

Schon kommt Kritik auf, wie es jedem Politiker in einer Demokratie widerfährt. Und eben nur in einer Demokratie. Denn Politik in Demokratien ist der Ausgleich von Interessen. Ist die Kunst des Machbaren. Ist die Kunst des Kompromisses. Irgendwer ist dann immer nicht zufrieden.

Der deutsche Bundespräsident, Joachim Gauck, hat Sie, Aung San Suu Kyi, als ›Freiheitskämpferin ohne Fundamentalismus‹ bezeichnet. Als eine, die es versteht, Werte und Ziele umzusetzen, indem sie Kompromisse eingeht. Fundamentalisten gefällt das natürlich nicht.

Sind Sie etwa zu zurückhaltend, was die Ausschreitungen zwischen Buddhisten und Muslimen angeht, wie behauptet wird? Oder ist Ihre Zurückhaltung gerade klug?
Arbeiten Sie zu sehr mit Ihren einstigen Gegnern zusammen? Oder ist gerade das genau das Richtige?
Es ist nicht an uns, darüber zu urteilen. Das wäre vermessen.

Was sich aber sehr wohl sagen lässt, dass sich Myanmar seit der Zeit, in der Sie auf freiem Fuß sind, erstaunlich gut entwickelt – in wirtschaftlicher sowie in gesellschaftlicher Sicht. Man kann sogar sagen: Das Tempo der Reformen in Myanmar ist einzigartig.

Das Alltagsleben wird weniger kontrolliert, die meisten politischen Gefangenen sind aus den Gefängnissen entlassen, die Gründung von Gewerkschaften wurde erlaubt, Vereinigungsfreiheit und Streikrecht sind garantiert. Außerdem wurde ein Gesetz zur Schlichtung von Arbeitskonflikten erlassen und es gibt neuerdings einen Mindestlohn. All das geht einher mit einem bemerkenswerten Wirtschaftswachstum von über sechs Prozent. Das alles erfreut Sozialdemokraten wie mich natürlich sehr, zumal es unglaublich schnell erreicht wurde.

Sehr geehrte, liebe Aung San Suu Kyi,
der Eindruck liegt nahe, dass dieser eindrucksvolle Wandel in Myanmar eng mit Ihrem Lebenswerk verknüpft ist. Sie haben demnach nicht nur Millionen Menschen Hoffnung gegeben, sie inspiriert, sondern konkret dazu beigetragen, dass sich ihr Leben verbessert. Das lässt sich nicht von vielen Menschen sagen.

Ich beglückwünsche Sie zum Willy-Brandt-Preis für Ihre überragende Lebensleistung. Und die deutsche Sozialdemokratie beglückwünsche ich dazu, dass Sie diesen Preis annehmen. Ich wünsche Ihnen in Ihrer Sprache ›nyein-chan‹. Übersetzt: ›Die wohltuende Kühle, die eintritt, wenn das Feuer erlischt‹. Aber erst hoffe ich, dass Ihr Feuer noch lange brennt. Keines des Zorns, sondern der Leidenschaft, das Leben Ihres Volkes zu verbessern.

Vielen Dank.«
Was meinen Sie: Warum wurde diese Rede nie gehalten? Es hieß, sie sei zu pathetisch. Ich hätte die Preisträgerin auf einen zu hohen Sockel gestellt.
Hier, wie diese Rede entstanden ist, entsprechend der Gliederung dieses Buches:

Vor der Rede. Das SPD-Archiv hat mir viel Material über Aung San Suu Kyi bereitgestellt. Und über Willy Brandt, den Namensgeber des Preises. Zudem habe ich mit jemandem geredet, der in die Preisverleihung eingebunden ist. Und mit einem Experten der internationalen Abteilung der SPD. Was ich verwenden wollte, habe ich mit einem gelben Marker gekennzeichnet.

Nach dem ersten Durcharbeiten entstand bei mir das Gefühl: Welch bedeutende Frau. Außerdem bewegte mich, wie bescheiden und menschlich sie war. Mir wurde klar: Das wird das Thema.

Gliederung: Nein.

Roter Faden: Wie menschlich diese Frau trotz ihrer Bedeutung ist.

Einstieg. Ich hatte gelesen, dass Aung San Suu Kyi zum ersten Mal in Deutschland ist. Klar, das gehört an den Anfang. Außerdem muss ich erklären, warum sie hier ist, um welchen Preis es sich handelt, wofür sie ihn erhält. Das alles in einem würdigen, möglichst rhythmischen Tonfall.

Humor. Darum habe ich mich nicht bemüht. Ich hätte aber nichts dagegen gehabt, wenn mir etwas Humorvolles eingefallen wäre.

Hauptteil. Nach dem Einstieg lag es nahe, einen Anknüpfungspunkt zwischen Willy Brandt und Aung San Suu Kyi zu finden. Zu Brandt fällt einem der Kniefall ein. Wofür steht der? Für Demut. Passt das zur Preisträgerin? Ja. »Demut« ist ein starkes Wort. Bleibt besser hängen als »menschlich« oder »bescheiden«, weil es nicht so alltäglich ist. Wie ist es eigentlich mit den anderen bedeutenden Personen der Weltgeschichte? Ich ging sie durch: Mutter Teresa, Mahatma Gandhi, Nelson Mandela … Dann kam ich auf Jesus. Und da Aung San Suu Kyi eine Buddhistin ist, versuchte ich herauszufinden, was Buddha zu Demut sagt. Daraus ergab sich für mich der Gedanke, dass Demut vielleicht eine Bedingung dafür ist, eine weltweit geliebte Persönlichkeit zu werden. Dass gerade die Größten demütig sind. Das alles ergab sich erst beim Schreiben, wobei ich immer wieder recherchieren musste.

Zusätzlich wollte ich einen kurzen Abriss des Lebens von Aung San Suu Kyi unterbringen. Auf dem Fahrrad war mir eingefallen, dass man angesichts dieses Lebens »nach Luft schnappen muss«. Diese Emotion sollte rein.

Außerdem das Foto von den glücklichen, fassungslosen Menschen am Tag der Parlamentswahlen. So etwas belebt eine Rede, weil es andere Sinne anspricht. Klar, dass ein emotionales Zitat dazugehört.

In einem Zeitungsartikel hatte ich von dem zeitlichen Zusammenhang der Parlamentswahl in Myanmar und Assads Morden in Syrien gelesen. Das fand ich wichtig, um den Blick über Myanmar hinauszuheben. Also rein damit, wo es passt. Das war eine ganz schöne Frickelei. Reden sind manchmal wie Puzzles. Ich probiere aus, wo bestimmte Teile am besten hinpassen.

Zur Pflicht gehörte auch, dass Aung San Suu Kyi inzwischen Kritik einstecken muss. Wie bringt man das in einer Rede unter, in der jemand solch einen wichtigen Preis erhält? Wie schafft man es, das anzusprechen, ohne anmaßend und selbstgerecht zu sein? Ein bisschen Demut tut auch dem Laudator gut.

Schluss. Ich fand es einen Akt der Höflichkeit, etwas in der Landessprache anzubringen. So hatte ich es auch schon mal bei der Laudatio auf den norwegischen Ministerpräsidenten Jens Stoltenberg gemacht. Damals war es das Wort »dugnad«, das für Nachbarschaftshilfe steht. Diesmal also »nyein-chan«. Von da zu einem poetischen Schluss war es nicht weit.

Für jemand anderen schreiben. Derjenige, für den ich diese Rede geschrieben habe, hat sie nie gesehen. Sie wurde vorher verworfen. Ich hätte diese Rede jedem anderen genauso geschrieben. Das hier war kein Anlass, um sich selbst ins Licht zu rücken. Der Redner musste hinter der Preisträgerin zurücktreten.

9. FÜR ANDERE SCHREIBEN

Warum Sie Ihre Redner mit Fragen löchern sollten, bevor Sie die erste Rede schreiben. Warum Sie selbst und Ihre Redner sich gegenseitig kritisieren sollten. Und warum ich keine Reden in Stichwörtern mag.

So, Sie können Reden schreiben. Jetzt müssen Sie Reden für andere schreiben. Mist.

Ich schreibe Reden am liebsten für mich selbst. Weil ich mich dann etwas trauen kann. Weil ich weiß, dass meine Art mit dem Geschriebenen im Einklang steht. Weil ich weiß, dass niemand meine schöne Rede verbockt.

Mir macht es Spaß zu reden. Vor je mehr Leuten, desto besser. Behaupte ich jedenfalls. Vor mehr als hundert Leuten habe ich noch nicht gesprochen. Vielleicht würde mich eine größere Gruppe einschüchtern. Vielleicht würde sie mich anspornen. Am liebsten wäre mir, ich könnte vor hundert Leuten sprechen und meine Rede würde in den Rest der Welt übertragen.

Denn was für ein Privileg: anderen meine Meinung verklickern zu können. Sie vielleicht sogar von mir und meiner Meinung zu überzeugen. Toll.

Ok, Sie wissen, wie beglückend es sein kann, Reden zu halten. Aber wissen das auch diejenigen, für die Sie Reden schreiben?

Ich fürchte nicht. Selbst Politiker haben Angst davor, öffentlich zu reden. Selbst sie, deren täglich Brot darin besteht, andere mit ihren Überzeugungen zu beeindrucken. Und so hören sich ihre Reden an: blutleer, inspirationslos, langweilig. Bloß keinen Fehler zu machen, das scheint für viele Redner das höchste Ziel zu sein. In Anbetracht des Skandalisierungswahns der Medien lässt sich das zumindest nachvollziehen. Hilft aber nichts. Was sind Redner wert, die sich nicht

trauen, ihre Meinung zu vertreten? Mit Leidenschaft dafür zu werben? Und auch mal übers Ziel hinauszuschießen?

Sie wollen trotzdem für jemanden Reden schreiben? Dann stellen Sie sich möglichst gut darauf ein. Und zwar noch bevor Sie die erste Rede schreiben, besser noch: bevor Sie den Job annehmen.

Finden Sie heraus, wie Ihre Redner ticken. Mit Andrea Nahles hatte ich vor meiner Einstellung ausführlich gesprochen. Und am ersten Arbeitstag noch einmal zwei Stunden. Bravo. So viel Zeit nimmt sich leider nicht jeder für seine Redenschreiber.

Fragen Sie Ihre Redner:
- Wie wollen Sie in der Öffentlichkeit wahrgenommen werden?
- Wofür stehen Sie?
- Was treibt Sie an?
- Wo wollen Sie in fünf Jahren stehen?

Wenn sich Ihre Redner solche Fragen nicht schon selbst gestellt haben, wird es höchste Zeit. Von den Antworten hängt ab, wie Sie Reden schreiben.

Fragen Sie Ihre Redner außerdem, möglichst bevor Sie die erste Rede schreiben (ich weiß selbst, wie unrealistisch das ist):
- Was sind Ihre Stärken?
- Was sind Ihre Schwächen?
- Wie wollen Sie mit diesen Schwächen umgehen?
- Sind Sie selbstkritisch?
- Mögen Sie Selbstironie?
- Wie differenziert sind Sie?
- Wollen Sie auf Gegenargumente eingehen?
- Wie halten Sie es mit Haudrauf gegenüber Konkurrenten?
- Wie persönlich wollen Sie sich geben?

- Wie emotional wollen Sie sein?
- Kommt Pathos für Sie infrage?
- Wie wichtig sind Ihnen Zahlen und Fakten?
- Wie wichtig ist Ihnen Humor?

Von den Antworten hängt ab, ob Sie Zeit verschwenden. Ernste Menschen sollten Sie nicht zu Komikern machen. Selbstkritische Menschen sollten Sie dieser Stärke nicht berauben. Das, was Sie schreiben, sollte im Einklang mit dem Charakter der Redner stehen.

Vor meinen Kursen lasse ich mir Arbeitsproben der Teilnehmer schicken. Manchmal denke ich beim Lesen einer Rede über den Autor: Was für ein verknöcherter, alter Sack. Dann treffe ich ihn: jung, aufgeschlossen, humorvoll. Warum schreibt der so?, frage ich mich. Weil sein Redner so ist? Oder vermutet er, dass sein Redner so ist? Oder macht er sich darüber keine Gedanken? Jedenfalls wird es niemand mögen, als verknöcherter, alter Sack wahrgenommen zu werden.

Klären Sie, wie Sie miteinander arbeiten. Fragen Sie Ihre Redner, ob Sie zur Vorbereitung an sie rankommen.

Eigentlich ist das selbstverständlich. Erst recht, wenn Sie sich nicht besonders gut kennen. Woher sollen Sie sonst wissen, wie Ihre Redner über ein Thema denken? Es geht nicht nur darum, Fehler zu vermeiden. Sondern auch darum, das besondere Wissen, die besonderen Fähigkeiten Ihrer Redner zu nutzen. Es ist schließlich nicht ausgeschlossen, dass nicht nur Sie, sondern auch Ihre Redner gute Ideen haben. Und wenn Sie persönliche Anekdoten erzählen wollen – und die sind immer gut –, führt eh kein Weg am Redner vorbei.

Ich selbst kam nicht jederzeit an den Kanzlerkandidaten heran. Allerdings wusste ich aus seinem langen politischen Leben, wie er tickt. Und außerdem kommt es nicht nur darauf an, was ein Kanzlerkandidat will, sondern, was seine Partei will. Und was die will, wusste ich von meiner Arbeit für die Generalsekretärin. Sie konnte ich jederzeit sprechen. Und immer half mir das Gespräch weiter.

Schließlich war nicht ich es, der es geschafft hatte, Generalsekretär zu werden.

Man muss als Redenschreiber auf dem Teppich bleiben.

Auch wenn Sie nur einmalig für jemanden eine Rede schreiben, sollten Sie wissen, wie derjenige tickt und was er will. Idealerweise haben Ihre Redner selbst großes Interesse an der Rede und daran, wie gut sie wird.

Ich schildere Ihnen jetzt ein Beispiel aus einer idealen Welt, das den Vorzug hat, sich tatsächlich so zugetragen zu haben. Aufgeschrieben hat es die amerikanische Redenschreiberin Peggy Noonan: Die weltberühmte Talkmasterin Oprah Winfrey wollte von ihr eine Laudatio auf einen Kollegen. Die beiden hatten vorher noch nie miteinander gearbeitet. *»Oprah rief mich an«*, berichtet Peggy, also nicht ihr Agent, sondern Oprah selbst. Oprah zählte die Fakten auf, Zeit, Ort, wo genau sie stehen würde, Zahl und Art der Zuschauer, Vorredner, Nachredner und Dauer der Laudatio. Dann sprach sie darüber, wie sie zu dem Geehrten steht, was er für sie bedeutet, was der Geehrte für das Showbusiness bedeutet. Das brachte sie sehr emotional zum Ausdruck. Dann gab sie für die Rede eine Richtung vor. Sie wolle über das Wesen der Arbeit sprechen. Über Berufung. Über Leidenschaft. Und darüber, nicht nur für uns selbst zu wirken, sondern für das große Ganze.

Peggy hörte zu, fragte nach, hörte zu.

Tage später rief Oprah erneut an. Ihr war noch ein wichtiger Gedanke gekommen. Die Stars in der Unterhaltungsindustrie verdienten so viel Geld. So viel, dass sie sich ständig etwas ausdenken müssten, um dafür Geld ausgeben zu können. Das mache sie aber nicht glücklich. Nur gute Arbeit, Arbeit, die auch andere bereichere, mache einen wirklich glücklich.

Ein paar Tage später meldete sich Oprah erneut. Sie habe vergessen zu erzählen, dass der Mann, den sie ehren wolle, ein gemeinnütziges Projekt vorantreibe. Dabei sei folgende rührende Geschichte passiert …

Auf die rührende Geschichte können wir hier verzichten, denn meinen Punkt habe ich klargemacht: Mit so einer Auftraggeberin kann eine Rede kaum schiefgehen. Sie muss nur noch aufgeschrieben werden.

Und wenn Ihre Redner nicht so professionell sind? Kämpfen Sie. Versuchen Sie, so viel wie möglich von Ihren Rednern zu erfahren.

Hören Sie sich Reden Ihrer Redner vor Ort an. Fahren Sie am besten gemeinsam mit Ihren Rednern zusammen hin und zusammen zurück. Wenn das nicht geht, reisen Sie halt allein an. Beobachten Sie nicht nur Ihre Redner, sondern auch das Publikum. Wie reagiert es worauf? Machen Sie sich Notizen. Sprechen Sie hinterher mit den Zuhörern. Finden Sie heraus, wie sie die Rede und vor allem den Redner fanden.

Klären Sie, dass und wie Sie Feedback erhalten. Sie brauchen Kritik. Denn Sie wollen ja besser werden. Anders geht es kaum.

Dass Ihre Redner einige Passagen Ihrer Rede nicht bringen, muss nichts heißen. Und selbst wenn, wissen Sie nicht, was Ihren Rednern daran nicht gefallen hat.

Nichts ersetzt ein gutes Gespräch. Aber wenn dazu keine Zeit ist, was eigentlich lächerlich ist, dann gibt es auch andere Wege. Ich habe meine Redner gebeten, mir meine Entwürfe kommentiert zurückzugeben. Passagen, die sie blöd finden, sollten sie streichen. Passagen, die sie gut finden, mit einem Häkchen versehen. Weitere Anmerkungen sind willkommen.

Klären Sie, dass Sie Ihre Redner besser machen wollen. Ok, über diesen Rat können viele Redenschreiber nur den Kopf schütteln.

Weil sie mit dem Redner vielleicht einmal im Jahr persönlich reden. Dennoch: Das Prinzip ist richtig. Versuchen Sie, Ihre Redner besser zu machen. Schon allein um Ihretwillen. Schließlich stehen Redenschreiber mit auf dem Prüfstand. »Was hast du denn für eine Rede geschrieben«, heißt es schon mal vorwurfsvoll, wenn der Vortrag nicht so gelungen war. Tja, woran lag's? An der Rede? Oder an dem Redner? Keine Widerworte: Machen Sie Ihre Redner besser.

Peer Steinbrück habe ich regelmäßig kritische Briefe geschrieben. Da stand anhand von Beispielen drin: *»Fass dir beim Reden nicht mit den Fingern an den Kopf, als ob du den Vogel zeigen würdest.«* Oder: *»Vergiss die Pointe nicht.«* Oder, wenn er frei geredet hat: *»Verdeutliche das an einem Beispiel.«* Oder: *»Kürzere Sätze.«* Oder: *»Nicht passiv, sondern aktiv.«*
Peer Steinbrück ermutigte mich, damit weiterzumachen. Einmal fand ich vier Tage nach so einem Brief in einer Zeitung ein Zitat von ihm, das ich ihm vorgeschlagen hatte. Ein anderes Mal bat er mich: *»Schreibe deine sechs wichtigsten Kritikpunkte kursiv vor jede Rede. Wenn du das Gefühl hast, ich habe einen Punkt beherzigt, streiche ihn weg.«* So haben wir's gemacht. Irgendwann war das Kursive weg.
Zwei Wochen nach der Bundestagswahl, bei der er gescheitert war, sagte mir dieser damals 66-Jährige, der ja nun wirklich viel im Leben richtig gemacht hat, in großer Runde: »Ich habe deine Briefe gesammelt und gestern noch mal alle gelesen. Vielen Dank.«
Ja, so ist er. Ich bin froh, für ihn gearbeitet zu haben.

Klären Sie, wer über Ihren Redeentwurf das letzte Wort hat. In einem Buch über Redenschreiber für amerikanische Präsidenten (»Presidential Speechwriting«) fand ich folgende Geschichte: Ein Redenschreiber von Ronald Reagan, Tony Dolan, hatte eine Rede für einen Auftritt Reagans in Paris geschrieben. Dolan reiste dem Präsidenten auf eigene Kosten hinterher, um zu verhindern, das dessen innerer Zirkel die Rede ändert.

Diese Episode gibt viel über das Seelenleben von Redenschreibern preis.

Schlimmer, als dass Ihr Redner Ihre Rede bearbeitet, ist nur noch, dass vorab ein anderer Mitarbeiter Ihres Redners Ihre Rede bearbeitet. Das kann dazu führen, dass Ihr Redner das bearbeitet, was der andere Mitarbeiter bearbeitet hat, ohne zu wissen, dass das gar nicht von Ihnen ist.

Es geht dabei nicht nur um Eitelkeit. Sondern darum, dass Sie Ihre Rede praktisch auf zwei unterschiedliche Menschen zuschneiden müssen. Für den anderen Mitarbeiter. Und für Ihren Redner. Das kann einem schwer zu schaffen machen.

Damit will ich nicht sagen, dass Sie Ihre Reden nur Ihrem Redner zeigen sollen. Auf gar keinen Fall. Zeigen Sie Ihre Rede vorab diesem anderen Mitarbeiter. Nehmen Sie seine Kritik ernst. Beharren Sie nur darauf, dass Sie das letzte Wort haben, ob und wie Sie diese Kritik umsetzen. Denn Sie sind der Profi.

Klären Sie, dass die Redevorbereitung in Stichworten Mist ist. In anderen Lehrbüchern werden Sie diesen Rat nicht finden. Mir egal. Wenn jemand von Ihnen Stichwörter erwartet: Lehnen Sie ab. Meist sind Reden in Stichwörtern schludrig. Der Redenschreiber enthebt sich der Verantwortung, ob die Rede wirklich gelingen kann. Und Stichworte leisten schon gar nicht, was eine gute Rede leisten soll: Emotionen auslösen.

Reden sind mehr als eine Aneinanderreihung von Fakten. **Reden sind Erlebnisse.**

Was Ihre Redner leisten sollten. Die Art des Vortrags ist entscheidend für den Erfolg der Rede. Worauf es dabei ankommt, erfahren Sie im folgenden Kapitel. Manche sagen, der Inhalt mache nur zwanzig

Prozent einer Rede aus. Ich will das nicht glauben. Fakt ist, der tollste Entwurf verpufft, wenn er nicht überzeugend vorgetragen wird. Sie sollten also vorschlagen, zusätzlich zu Ihnen einen Medientrainer zu engagieren.

Für wichtige Reden ist ein Teleprompter ratsam. US-Präsident Barack Obama nutzt einen. Warum sollten sich Ihre Redner zu fein dafür sein?

Natürlich müssen Ihre Redner Ihre Rede üben. Wer kann schon die Rede eines Fremden gut vortragen, der Sie ja meistens sind? **Der Redner sollte die Rede zumindest einmal laut lesen.** Ja, laut. Am besten im Stehen. Also nicht auf dem Weg zum Veranstaltungsort im Auto, Flugzeug, der Bahn oder zu Pferde.

Nun wende ich mich direkt an die Redner, die andere für sich schreiben lassen: **Verändern Sie die Rede Ihrer Redenschreiber so, dass Sie sich damit wohlfühlen.** Aber machen Sie es rechtzeitig. Nehmen Sie sich Zeit zum Üben und ändern Sie Ihre Rede beim Vortrag nur, wenn Ihnen tatsächlich etwas Unwiderstehliches einfällt. Außer Sie sind eines dieser raren Naturtalente, die wirklich frei reden können. Wenn Sie während des Vortrags abschweifen, laufen Sie Gefahr, Stil und Ausdruck zu ändern. Und Sie kommen möglicherweise nicht reibungslos zum vorbereiteten Redetext zurück.

Ungeachtet dessen, was ich Ihnen gerade empfohlen habe: **Reden Sie frei.** Das soll nicht heißen, dass Sie kein Redemanuskript vorbereiten. Sondern, dass Sie ohne dieses fertige Redemanuskript ans Pult treten. Oder Ihr Manuskript nur zur Gedankenstütze vor sich haben. Lernen Sie es vorher auswendig oder merken Sie sich die wichtigsten Stellen. Der Unterschied zwischen frei reden und vom Manuskript ablesen ist so, wie beim romantischen Abendessen das Essen anzuschmachten statt Ihr Gegenüber.

Daraus ergibt sich für die Redenschreiber: **Seien Sie keine beleidigte Leberwurst, wenn Ihre Redner Ihre Rede nicht halten.** Klar, das schreibt sich so leicht. Ich weiß ja selbst, dass man aufschreien möchte, wenn sie es nicht tun. Aber Sie sind nur der Redenschreiber. Wenn Sie nicht nur der Redenschreiber sein wollen, dann müssen Sie selbst Redner werden. Und wer weiß, über was und wen Sie auf dem Weg dahin aufschreien müssen.

Sehen Sie's mal so: Wäre es nicht sogar enttäuschend, wenn Ihr Redner Ihre Rede 1:1 bringen würde? Zum Beispiel wenn er Bundeskanzler werden will. Ein bisschen mehr erwarte ich schon von einem Bundeskanzler, als sich an meine Vorgaben zu halten.

Versuchen Sie also, Ihre Eitelkeit im Zaum zu halten. **Nicht Sie sollen glänzen, sondern Ihr Redner.**

Peggy Noonan erzählt die schöne Geschichte von Coco Chanel, die zu sagen pflegte: »Wenn eine Frau mit einem Kleid von mir das Kompliment erhält: ›Wow, was für ein tolles Kleid!‹ – dann habe ich versagt. Wenn sie dagegen zu hören bekommt: ›Wow, du siehst großartig aus!‹ – dann war ich gut.«

TEIL III
REDEN

1. AUFTRETEN

Warum es selbst auf die Kleidung des Redners auf dem Weg zum Klo ankommt. Warum es Sinn macht, nicht nur ein-, sondern auch auszuatmen. Warum Sie mal statt wie vom Podium wie am Lagerfeuer reden sollten. Und warum Sie einen Vorteil haben, den auf der ganzen Welt sonst niemand hat.

Hören Sie sich die Rede an die deutsche Jugend von Charles de Gaulle am 9. September 1962 in Ludwigsburg an. De Gaulle spricht 14 Minuten und 22 Sekunden. Das Lesen dieser Rede dauert lediglich zwei Minuten. Was macht der Mann so lange?
Er wirkt.
Seine langsame Redeweise langweilt nicht, sie emotionalisiert. Allein für das Wort »Zukunft« braucht er gefühlte zwei Sekunden, so intensiv spricht er es aus.
Dieser Mann, der französische Präsident, spricht deutsch. Und er spricht frei. Es fasziniert, wie er um jedes einzelne Wort der fremden Sprache ringt. Er erweist damit seinen Zuhörern das höchste Maß an Respekt.
De Gaulle richtet sich direkt an die Menschen vor ihm, die jungen Deutschen, in einer Zeit, als in Deutschland die Jugend nicht viel zu sagen hatte. Als er zum ersten Mal sagt *»Ich beglückwünsche Sie«* – er wird diese Redewendung drei Mal benutzen –, zeigt er mit dem Finger mehrfach in die Menge.
Aber nicht nur das: Dieser französische General, ein Militär, der Anführer des französischen Widerstands gegen Hitler-Deutschland, bringt es fertig, nur siebzehn Jahre nach einem verheerenden Krieg, einem in einer langen Reihe von Kriegen zwischen den einstigen Erb-

feinden, er bringt es tatsächlich fertig, seiner Stimme Wärme zu verleihen. Dieser Mann ist seinen Zuhörern zugetan. Das zeigt schon die Art und Weise seines Auftritts, der Klang seiner Stimme, aber auch die Dringlichkeit, mit der er seine Botschaft vorträgt. Dazu passt: Der General ist in Zivil gekommen statt in Uniform. Auch das ein Zeichen.

Übrigens: Weil die deutschen Gastgeber nicht wussten, ob der stattliche de Gaulle in Uniform kommt, also mit Kopfbedeckung, wurden die Kronleuchter im Ludwigsburger Schloss auf dem Weg zum Klo fünfzehn Zentimeter höher gehängt. So hängen sie heute noch.
Und noch eine Anekdote, die nichts mit unserem Thema zu tun hat, aber das macht ja nichts: Auf dem Schlossplatz waren aus Sicherheitsgründen nur 4000 Zuhörer zugelassen. Vor den Toren standen unzählige weitere Menschen, die de Gaulle sehen wollten. Als der damalige Bundeskanzler Konrad Adenauer davon erfuhr, setzte er durch, dass die Tore geöffnet wurden. »Auf meine eigene Verantwortung«, sagte er.

Natürlich ist de Gaulles Rede auch inhaltlich großartig. Sie gilt als Meilenstein in den deutsch-französischen Beziehungen und begeisterte offenbar viele Menschen für Europa. Nur weil sie inhaltlich so großartig ist, kann de Gaulle sie so gewichtig vortragen. Er kann seine Worte wirken lassen, weil er darauf vertrauen kann, dass sie wirken.
De Gaulle beglückwünscht seine Zuhörer: *»Junge Deutsche zu sein, das heißt Kinder eines großen Volkes.«* – *»Jawohl«*, betont er noch mal, *»eines großen Volkes!«* Ausrufezeichen. (Ich finde es bemerkenswert, dass an dieser Stelle niemand klatscht.)
Diese Großherzigkeit könnte das Publikum beschämen, wenn er zuvor die deutschen Gräueltaten thematisieren würde. Tut er aber nur ganz zart, in einem Nebensatz. De Gaulles Botschaft geht über Versöhnung und Vergebung hinaus. Er ist schon erheblich weiter. Er richtet seine Rede in die Zukunft. Er nimmt seine Zuhörer mit und

appelliert an sie. Nicht mit dem Rohrstock, nicht mal mit dem Zeigefinger, sondern von Mensch zu Mensch. Wer würde von dieser Rede weggehen und nicht davon beseelt sein, aus seinem Leben etwas zu machen? Und wer würde nicht nach solch einer Rede dem französischen Volk gewogener sein?

Wie hole ich uns von dieser hohen Latte nur wieder runter?
Vielleicht mit Martin Luther: »*Tritt frisch auf, tu's Maul auf, hör bald auf.*«
Schließlich geht es hier nicht darum, historische Reden zu schwingen. Sondern darum, selbstbewusst aufzutreten. Seine Botschaft überzeugend und gefühlvoll vorzutragen.

Natürlich sind wir nervös, bevor wir eine Rede halten. Das geht allen Rednern so. Keine Bange. Die Zuhörer sehen uns eine gewisse Anfangsnervosität nach. Und in der Regel finden wir schon bald unsere Betriebstemperatur.
Meine Nervosität reduziert sich beträchtlich, wenn ich mich entschieden habe, meine Rede vom Blatt vorzutragen, statt sie frei zu halten. Dann kann eigentlich nichts passieren. Ich weiß zwar nicht, ob die Gags funktionieren, ein Restrisiko bleibt immer, aber ich muss ja auch keine Gags bringen. Ich weiß auch nicht, wie viel Zustimmung ich ernte. Aber ich kann dafür sorgen, dass ich selbst die Rede gut finde, wenn ich mir nur genug Mühe gebe. Dann wird mir schon ein respektabler Auftritt gelingen.

Mein Problem: Ich ziehe es vor, frei zu reden. Deshalb bin ich nervös. Die Nervosität lässt sich dadurch lindern, dass ich so lange übe, bis ich überzeugt bin, meine Rede im Griff zu haben. Und wenn ich keine Zeit dazu habe? Dann trage ich eben das Manuskript vor. Und wenn ich keine Zeit habe, ein gutes Manuskript zu schreiben? Dann nehme ich den Auftrag für die Rede nicht an.

Nun haben Sie sich entschieden anzutreten. Und haben eine gute Rede. Wie treten Sie auf?

Ich halte inne und überlege, welche Tipps mir wirklich helfen:

Atmen Sie. Meine Erkenntnisse dazu basieren auf »Das große Buch der Rhetorik« von Peter Ebeling. Wie er möchte ich Sie mit Goethe erfreuen:

»Im Atemholen sind zweierlei Gnaden:
Die Luft einziehen, sich entladen;
Jenes bedrängt, dieses erfrischt.
So wunderbar ist das Leben gemischt.
Du danke Gott, wenn er Dich presst,
Und dank ihm, wenn er Dich wieder entlässt.«

Also atmen Sie. Ein und Aus. Atmen Sie tief ein. Und konzentrieren Sie sich aufs Ausatmen. Denn sonst bleibt die verbrauchte Luft in Ihren Lungen. Probieren Sie einmal Folgendes: Spitzen Sie beim Ausatmen den Mund und pusten Sie dadurch selbst den letzten Rest aus. Danach können Sie erstaunlich viel frische Luft holen.

Hier eine Übung von Peter Ebeling:
- Aufrecht hinstellen
- Schultern locker fallen lassen
- Bei geschlossenem Mund langsam durch die Nase einatmen. Ganz tief. Den Bauch ausfüllen. Der Leib muss sich wölben
- Weiter einatmen, bis auch die Brust bis an die Schultern gefüllt ist
- Kurze Zeit Luft anhalten
- Langsam durch die Nase ausströmen lassen

Lockern Sie Ihre Gesichts- und Sprechmuskulatur. Das rät die Sprechtrainerin Petra Ziegler in den »Stuttgarter Nachrichten«

(10.1.2013). Dort heißt es: »*Schneiden Sie Grimassen, lassen Sie Ihre Lippen vibrieren, bewegen Sie Ihre Zunge hin und her, sagen Sie auf: ›Ma me mi mo mu.‹*«

Ziegler begründet: »*Genau so, wie Sportler vor einem Wettkampf ihre Muskeln aufwärmen, muss auch die Zunge vor einer Rede gelockert und gedehnt werden.*« Sie selbst mache das täglich. Weil: »*Der Mund ist eingeschlafen, also muss man ihn wieder aufwecken.*«

Dann habe ich im Internet noch den schönen Rat gefunden, sich einen Bleistift quer in den Mund zu stecken. Das schüttet angeblich Glückshormone aus. Lächeln soll auch helfen. Der Bleistift simuliert das Lächeln nur. Oder sagen Sie Worte mit »ei«. Aber nicht: Ich weine.

Freuen Sie sich auf die Rede. Denn es ist ein großes Privileg, so lange ohne Widerspruch reden zu dürfen. So geht es sonst nur Hundebesitzern. Wenn Sie sich nicht freuen, überarbeiten Sie Ihre Rede so lange, bis Sie sich freuen.

Stehen Sie mit beiden Beinen auf dem Boden. Zumindest am Anfang der Rede. Ich neige dazu herumzuzappeln. Fester Stand gibt Sicherheit.

Lächeln Sie. Ja, trotz aller Nervosität. Lächeln Sie Ihre Zuhörer an. Aber nicht ständig. Sie sind schließlich nicht beim Eiskunstlauf.

Halten Sie Blickkontakt zum Publikum. Beziehen Sie möglichst alle Zuhörer ein. Wenn jemand Sie besonders freundlich anguckt, gucken Sie immer wieder hin. Tut gut.

Setzen Sie Ihre Hände ein. Klammern Sie sich nicht am Pult fest. Apropos Pult. Wenn es nur irgend geht, verstecke ich mich weder hinter einem Pult noch hinter einem Tisch. Ich gehe so nah wie möglich ans Publikum heran. Natürlich stehe ich beim Reden. Aber manchmal setze ich mich auch auf einen Tisch und lasse dabei die Füße baumeln. Aber nicht gleich von Anfang an. Erst, wenn die Zuhörer und ich ein wenig miteinander warm geworden sind.

Setzen Sie Pausen. Ganz wichtig. Kaum etwas wirkt souveräner, als mal für eine Sekunde den Schnabel zu halten. Gucken Sie dabei Ihr Publikum an.

Geben Sie Ihren Zuhörern die Chance, zu klatschen. Beenden Sie also einen Absatz mit einem kurzen Satz und reden Sie nicht sofort weiter. Erwecken Sie aber nie, unter gar keinen Umständen, den Anschein, Sie warteten auf Applaus oder sogar auf Gelächter. Ich habe ein paar fürchterliche Beispiele vor Augen, die ich aus Respekt vor den Betroffenen nicht nenne.

Gehen Sie am Ende eines starken Satzes mit der Stimme runter. Jedenfalls dann, wenn Sie einen Effekt erzielen wollen.

Variieren Sie Sprechtempo, Lautstärke und Stimmfärbung. So, wie Sie auch die Länge Ihrer Sätze und die Stilmittel variieren.

Legen Sie eine Plauderei ein. Erzählen Sie eine Geschichte wie am Lagerfeuer. Also ganz entspannt wie unter Ihresgleichen, im Bewusstsein, dass es nicht auf Ihren Rang ankommt, sondern allein auf die Qualität Ihrer Geschichte.

Lassen Sie sich trainieren. Allerdings sollte Ihr Trainer gut genug sein, Sie nicht ummodeln zu wollen. Klar ist es sinnvoll, langsam und deutlich zu reden. Aber wenn es nun mal nicht zu jemandem passt, kann das auch peinlich wirken. Ich habe das einmal bei einer Prominenten erlebt. Plötzlich redete sie mit tiefer Stimme, betont langsam und bedächtig. Aha, sie hat jetzt einen Trainer, dachte ich. Es dauerte keine fünf Minuten, da fiel sie in ihr altes Schnellfeuer zurück. War mir lieber. Vielleicht wäre ein Kompromiss möglich gewesen.

Das führt mich zu meinem letzten Tipp: **Seien Sie, wie Sie sind.** Für mich ist das die wichtigste Regel. Der einzige Vorteil, den Sie hundertprozentig vor allen anderen Menschen auf dieser Welt haben ist der: **Niemand sonst ist wie Sie.**

2. EINE REDE UND WIE SIE WIRKT

W*ie ich dazu kam, eine fantastische Rede nachzuarbeiten. Warum meine Regeln vielleicht doch nichts taugen. Und warum Mut eine so wichtige Tugend eines Redners ist.*

Die tolle Rede, die ich Ihnen in diesem Kapitel präsentiere, hält sich fieserweise nicht an meine Regeln. Umso wichtiger, dass ich sie Ihnen präsentiere. Es geht eben auch anders.

An einem Samstagvormittag las ich zuerst die »Bild«. Auf Seite 2, rechts unten, fand ich die Schlagzeile: *»Unions-Politiker empört über Festakt zum Grundgesetz.«*

Der Bericht begann mit den Worten: *»Eklat beim Festakt zu 65 Jahren Grundgesetz gestern im Bundestag. Aus Protest gegen die Rede von Navid Kermani (46) verließen einige Unions-Politiker den Saal.«* Kermani hatte die deutsche Asylgesetzgebung scharf kritisiert und von allen Bundeskanzlern nur den Sozialdemokraten Willy Brandt herausgehoben.

Hätte ich an diesem Tag nur die »Bild« gelesen, wäre mir etwas entgangen.

So aber las ich eine Stunde später die »FAZ«. Im Kulturteil fiel mir die Überschrift *»Kluger Kermani«* auf. Kein Wort von Kritik an Kermanis Rede. Stattdessen eine Lobeshymne. Der Redner habe *»Maßstäbe für*

Reden im Bundestag gesetzt«. Auf Seite 4 der »FAZ« noch ein Bericht zum Thema. Dort erfuhr man, dass Kermani die Unions-Fraktion mit seiner Kritik an der deutschen Asylpolitik *»entgeisterte«,* ebenso die SPD-Fraktion. Kein Wort über geflohene Unions-Abgeordnete.

Ich kaufte weitere Zeitungen. In der »Berliner Zeitung« auf Seite 3 ein informativer Bericht über Kermanis Rede mit der Überschrift: *»Die Kraft der Worte«.* Irgendwann erwähnt der Autor lapidar: *»Ein CSU-Abgeordneter geht.«*

In der »SZ« ein Lob auf *»eine Rede, die das Land so schnell nicht vergessen wird«.* Dort, wie auch im Bericht auf Seite 5, kein Wort von den flüchtigen Unions-Abgeordneten.

Was schließen wir daraus? Dass man die »Bild« lesen muss, um die volle Wahrheit zu erfahren? Weil die Qualitätszeitungen doch glatt den Eklat verschweigen? Oder erleben wir, was Qualitätszeitungen ausmacht: dass sie berichten, worauf es ankommt. Und das ist nun mal das Gewicht von Kermanis Rede.

Schauen wir uns die Rede an. Wenn Sie sie ohne meine Kommentare lesen wollen, schauen Sie bitte auf der Homepage des Bundestages nach.

Sehen können Sie die Rede bei YouTube.

Hier ist sie mit meinem Senf:

»Sehr geehrte Herren Präsidenten! Frau Bundeskanzlerin! Meine Damen und Herren Abgeordnete! Exzellenzen! Liebe Gäste!

Das Paradox gehört nicht zu den üblichen Ausdrucksmitteln juristischer Texte, die schließlich größtmögliche Klarheit anstreben.«

Huch, so ein garstiges, elitäres Fremdwort. Nun gut, die Abgeordneten werden wissen, was »Paradox« heißt. »Paradox« heißt laut Lexikon: »unauflösbarer Widerspruch in sich«. Aber richten sich Reden im Bundestag nur an Abgeordnete? Wie wäre es, wenn Kermani das Wort »Widerspruch« benutzt hätte? Ich bin unsicher.

»Einem Paradox ist notwendig der Rätselcharakter zu eigen, ja, es hat dort seinen Platz, wo Eindeutigkeit zur Lüge geriete. Deshalb ist es eines der gängigsten Mittel der Poesie.

Und doch beginnt ausgerechnet das Grundgesetz der Bundesrepublik Deutschland mit einem Paradox. Denn wäre die Würde des Menschen unantastbar, wie es im ersten Satz heißt, müsste der Staat sie nicht achten und schon gar nicht schützen, wie es der zweite Satz verlangt. Die Würde existierte unabhängig und unberührt von jedweder Gewalt. Mit einem einfachen, auf Anhieb kaum merklichen Paradox – die Würde ist unantastbar und bedarf dennoch des Schutzes – kehrt das Grundgesetz die Prämisse der vorherigen deutschen Verfassungen ins Gegenteil um und erklärt den Staat statt zum Telos nunmehr zum Diener der Menschen, und zwar grundsätzlich aller Menschen, der Menschlichkeit im emphatischen Sinn. Sprachlich ist das – man mag es nicht als brillant bezeichnen, weil man damit einen eminent normativen Text ästhetisierte – es ist vollkommen, nichts anderes.«

Der Einschub im letzten Satz ist sprachlich nicht sehr ästhetisch. Richtig gesprochen, mit einer Pause nach »ästhetisierte« (schauderhaftes Wort), geht's.

»Überhaupt wird man die Wirkmächtigkeit [ganz schön geschwollen]*, den schier unfassbaren Erfolg des Grundgesetzes nicht erklären können, ohne auch seine literarische Qualität zu würdigen. Jedenfalls in seinen wesentlichen Zügen und Aussagen ist es ein bemerkenswert schöner Text und sollte es sein. Bekanntlich hat Theodor Heuss die ursprüngliche Fassung des ersten Artikels mit dem Argument verhindert, dass sie schlechtes Deutsch sei. ›Die Würde des Menschen ist unantastbar‹ hingegen ist ein herrlicher*

deutscher Satz, so einfach, so schwierig, auf Anhieb einleuchtend und doch von umso größerer Abgründigkeit, je öfter man seinen Folgesatz bedenkt: Sie muss dennoch geschützt werden. Beide Sätze können nicht gleichzeitig wahr sein, aber sie können sich gemeinsam, nur gemeinsam, bewahrheiten und haben sich in Deutschland in einem Grade bewahrheitet, wie es am 23. Mai 1949 kaum jemand für möglich gehalten hätte. Im deutschen Sprachraum vielleicht nur mit der Luther-Bibel vergleichbar, hat das Grundgesetz Wirklichkeit geschaffen durch die Kraft des Wortes.«

In diesem Satz steckt eine gewichtige Botschaft, aus der ich einen Hauptsatz gemacht hätte. *»Das Grundgesetz hat durch die Kraft des Wortes Wirklichkeit geschaffen.«*

»›Jeder hat das Recht auf die freie Entfaltung seiner Persönlichkeit‹: Wie abwegig muss den meisten Deutschen, die sich in den Trümmern ihrer Städte und Weltbilder ums nackte Überleben sorgten, wie abwegig muss ihnen die Aussicht erschienen sein, so etwas Luftiges wie die eigene Persönlichkeit zu entfalten. Aber was für ein verlockender Gedanke es zugleich war!

›Alle Menschen sind vor dem Gesetz gleich‹: Die Juden, die Sinti und Roma, die Homosexuellen, die Behinderten, überhaupt alle Randseiter, Andersgesinnten und Fremden, sie waren ja vor dem Gesetz gerade nicht gleich – also mussten sie es werden.

›Männer und Frauen sind gleichberechtigt‹: Der Wochen und Monate währende Widerstand just gegen diesen Artikel zeigt am deutlichsten, dass Männer und Frauen 1949 noch keineswegs als gleichberechtigt galten; seine Wahrheit wurde dem Satz erst in der Anwendung zuteil.«

Oh Mann, muss der denn gegen alle meine Regeln verstoßen? »... *in der Anwendung zuteil*« geht eigentlich gar nicht. Aber hier natürlich schon. Ist halt sein Stil. Ist halt ein Schriftsteller, der da spricht. Hoffentlich nehmen Sie mich überhaupt noch ernst.

»›Die Todesstrafe ist abgeschafft‹: Das war gerade nicht der Mehrheitswunsch der Deutschen, die in einer Umfrage zu drei Vierteln für die Beibehaltung der Todesstrafe plädierten, und wird heute weithin bejaht.

›Alle Deutschen genießen Freizügigkeit im ganzen Bundesgebiet‹: Der Satz war den Mitgliedern des Parlamentarischen Rates angesichts der Flüchtlingsnot und des Wohnungsmangels fast peinlich und gilt 65 Jahre später nicht nur im wiedervereinigten Deutschland, sondern in halb Europa. Der Bund kann ›in die Beschränkungen seiner Hoheitsrechte einwilligen, die eine friedliche und dauerhafte Ordnung in Europa‹ herbeiführen. Das dachte – 1949! – ein vereinigtes Europa, ja: die Vereinigten Staaten von Europa voraus.

Und so weiter: das Diskriminierungsverbot, die Religionsfreiheit, die Freiheit von Kunst und Wissenschaft, die Meinungs- und Versammlungsfreiheit – das waren, als das Grundgesetz vor 65 Jahren verkündet wurde, eher Bekenntnisse, als dass sie die Wirklichkeit in Deutschland beschrieben hätten. Und es sah zunächst keineswegs danach aus, als würde der Appell, der in diesen so schlichten wie eindringlichen Glaubenssätzen lag, von den Deutschen gehört.

Das Interesse der Öffentlichkeit am Grundgesetz war aus heutiger Sicht beschämend gering, die Zustimmung innerhalb der Bevölkerung marginal. Befragt, wann es Deutschland am besten gegangen sei, entschieden sich noch 1951 in einer repräsentativen Umfrage 45 Prozent der Deutschen für das Kaiserreich, 7 Prozent für die Weimarer Republik, 42 Prozent für die Zeit des Nationalsozia-

lismus und nur 2 Prozent für die Bundesrepublik. 2 Prozent! Wie froh müssen wir sein, dass am Anfang der Bundesrepublik Politiker standen, die ihr Handeln nicht nach Umfragen, sondern nach ihren Überzeugungen ausrichteten.«
[Beifall]

Da klatschen viele, die sich anders verhalten.

»Und heute? Ich habe keinen Zweifel, dass die Mitglieder des Parlamentarischen Rates, sollten sie unsere Feststunde von der himmlischen Ehrentribüne aus verfolgen, zufrieden und sehr erstaunt wären, welche Wurzeln die Freiheit innerhalb der letzten 65 Jahre in Deutschland geschlagen hat. Und wahrscheinlich würden sie auch die Pointe bemerken und zustimmend nicken, dass heute ein Kind von Einwanderern an die Verkündung des Grundgesetzes erinnert, das noch dazu einer anderen als der Mehrheitsreligion angehört.«

Er packt viel in seine Sätze rein. Aber mit einer Pause vor dem letzten Relativsatz geht's.

»Es gibt nicht viele Staaten auf der Welt, in denen das möglich wäre. Selbst in Deutschland wäre es vor noch gar nicht langer Zeit, sagen wir am 50. Jahrestag des Grundgesetzes, schwer vorstellbar gewesen, dass ein Deutscher die Festrede im Bundestag hält, der nicht nur deutsch ist.
In dem anderen Staat, dessen Pass ich besitze, ist es trotz aller Proteste und aller Opfer für die Freiheit undenkbar geblieben.«

Das ist natürlich klug. Gerade im Hinblick auf die Kritik an Deutschland, die noch kommt, wovon die Zuhörer aber noch nichts ahnen. Sie richten sich arglos in einer wohligen Atmosphäre ein.

»Aber, das möchte ich von diesem Pult aus ebenfalls sagen, sehr geehrte Herren Präsidenten, Frau Bundeskanzlerin, meine Damen und Herren Abgeordnete, liebe Gäste und nicht zuletzt Seine Exzellenz, der Botschafter der Islamischen Republik, der heute ebenfalls auf der Tribüne, obschon nicht der himmlischen, sitzt: Es wird keine 65 Jahre und nicht einmal 15 Jahre dauern, bis auch im Iran ein Christ, ein Jude, ein Zoroastrier oder ein Bahai wie selbstverständlich die Festrede in einem frei gewählten Parlament hält.
[Beifall]
›Dies ist ein gutes Deutschland, das beste, das wir kennen‹, sagte vor Kurzem der Bundespräsident. Ich kann dem nicht widersprechen. Welchen Abschnitt der deutschen Geschichte ich mir auch vor Augen halte, in keinem ging es freier, friedlicher und toleranter zu als in unserer Zeit. Trotzdem flösse der Satz des Bundespräsidenten mir selbst nicht so glatt über die Lippen.«

Kermani zitiert nicht einfach nur und klaut damit einen Gedanken, der ihm selbst nicht eingefallen ist. Sondern er macht was draus.

»Warum ist das so? Man könnte das Unbehagen, den Stolz auf das eigene Land auszusprechen, als typisch deutschen Selbsthass abtun und hätte doch genau den Grund übersehen, warum die Bundesrepublik lebens- und sogar liebenswert geworden ist.

Denn wann und wodurch hat Deutschland, das für seinen Militarismus schon im 19. Jahrhundert beargwöhnte und mit der Ermordung von 6 Millionen Juden vollständig entehrt scheinende Deutschland, wann und wodurch hat es seine Würde wiedergefunden? Wenn ich einen einzelnen Tag, ein einzelnes Ereignis, eine einzige Geste benennen wollte, für die in der deutschen Nachkriegsgeschichte das Wort ›Würde‹ angezeigt scheint, dann war es – und ich bin sicher, dass eine Mehrheit im Bundestag, eine Mehrheit der Deutschen und erst recht eine Mehrheit dort auf der himmlischen

Tribüne mir jetzt zustimmen wird – dann war es der Kniefall von Warschau.«
[Beifall]

Dieser Satz ist laut Lehrbuch zu lang. Aber hier ist er gerade gut, weil er Spannung aufbaut und doch übersichtlich ist.

»Das ist noch merkwürdiger als das Paradox, mit dem das Grundgesetz beginnt, und wohl beispiellos in der Geschichte der Völker: Dieser Staat hat Würde durch einen Akt der Demut erlangt. Wird nicht das Heroische gewöhnlich mit Stärke assoziiert, mit Männlichkeit und also auch physischer Kraft und am allermeisten mit Stolz? Hier jedoch hatte einer Größe gezeigt, indem er seinen Stolz unterdrückte und Schuld auf sich nahm, noch dazu Schuld, für die er persönlich, als Gegner Hitlers und Exilant, am wenigsten verantwortlich war: Hier hatte einer seine Ehre bewiesen, indem er sich öffentlich schämte. Hier hatte einer seinen Patriotismus so verstanden, dass er vor den Opfern Deutschlands auf die Knie ging.

Ich neige vor Bildschirmen nicht zu Sentimentalität, und doch ging es mir wie so vielen, als zu seinem 100. Geburtstag die Aufnahmen eines deutschen Kanzlers wiederholt wurden, der vor dem Ehrenmal im ehemaligen Warschauer Ghetto zurücktritt, einen Augenblick zögert und dann völlig überraschend auf die Knie fällt – ich kann das bis heute nicht sehen, ohne dass mir Tränen in die Augen schießen.«

Da sieht man's mal wieder: Echte Emotionen bereichern eine Rede.

»Und das Seltsame ist: Es sind neben allem anderen, neben der Rührung, der Erinnerung an die Verbrechen, dem jedes Mal neuen Staunen, auch Tränen des Stolzes, des sehr leisen und doch bestimmten Stolzes auf eine solche Bundesrepublik Deutschland.

[Beifall]
Sie ist das Deutschland, das ich liebe, nicht das großsprecheri-
sche, nicht das kraftmeiernde, nicht das Stolz-ein-Deutscher-zu-
sein-und-Europa-spricht-endlich-deutsch-Deutschland, vielmehr
eine Nation, die über ihre Geschichte verzweifelt, die bis hin zur
Selbstanklage mit sich ringt und hadert, zugleich am eigenen Ver-
sagen gereift ist, die nie mehr den Prunk benötigt, ihre Verfassung
bescheiden ›Grundgesetz‹ nennt und dem Fremden lieber eine Spur
zu freundlich, zu arglos begegnet, als jemals wieder der Fremden-
feindlichkeit, der Überheblichkeit zu verfallen.«

Bei Kermani ist nicht alles entweder gut oder schlecht. Alles hat mehrere Seiten, wie im wirklichen Leben. Da ist dieses starke Bekennt-
nis zu dem Deutschland, das er liebt, und im gleichen Satz bringt er
Licht- und Schattenseiten dieses Landes unter. Dieser Mann macht es
sich nicht leicht. Er ringt mit sich. Er denkt nach. Er versucht nicht,
uns etwas zu verkaufen. Er teilt sich mit.

»Es wird oft gesagt – und ich habe Redner das auch von diesem Pult
aus sagen hören –, dass die Deutschen endlich wieder ein norma-
les, ein unverkrampftes Verhältnis zu ihrer Nation haben sollten,
jetzt, da der Nationalsozialismus doch nun lange genug bewältigt
sei. Ich frage mich dann immer, was die Redner meinen: Es gab
dieses normale und unverkrampfte Verhältnis nie, auch nicht vor
dem Nationalsozialismus. Es gab einen übersteigerten, aggressiven
Nationalismus, und es gab als gegenläufige Bewegung eine deut-
sche Selbstkritik, ein Plädoyer für Europa, eine Wendung ins Welt-
bürgertum und übrigens auch zur Weltliteratur, die in ihrer Ent-
schlossenheit jedenfalls im 19. Jahrhundert einzigartig war.

›Ein guter Deutscher kann kein Nationalist sein.‹
Das sagte Willy Brandt in seiner Nobelpreisrede voller Selbstbe-
wusstsein. Und weiter:

›Ein guter Deutscher weiß, dass er sich einer europäischen Bestimmung nicht versagen kann. Durch Europa kehrt Deutschland heim zu sich selbst und den aufbauenden Kräften seiner Geschichte.‹
[Beifall]
Seit dem 18. Jahrhundert, spätestens seit Lessing, der den Patriotismus verachtete [Allgemeinbildung kann nicht schaden] *und als erster Deutscher das Wort ›Kosmopolit‹ verwendete, stand die deutsche Kultur häufig in einem antipodischen Verhältnis zur Nation. Goethe und Schiller, Kant und Schopenhauer, Hölderlin und Büchner, Heine und Nietzsche, Hesse und die Brüder Mann – sie alle haben mit Deutschland gehadert, haben sich als Weltbürger gesehen und an die europäische Einigung geglaubt, lange bevor die Politik das Projekt entdeckte.*

Es ist diese kosmopolitische Linie deutschen Geistes, die Willy Brandt fortführte – nicht nur mit seinem Kampf gegen den deutschen Nationalismus und für ein vereintes Europa, ebenso in seinem frühen Plädoyer für eine ›Weltinnenpolitik‹, in seinem Engagement für die Nord-Süd-Kommission und während seines Vorsitzes der Sozialistischen Internationale. Und es wirft dann vielleicht doch kein so günstiges Licht auf das heutige Deutschland, wenn bei den Fernsehduellen vor der Bundestagswahl nach der Außenpolitik so gut wie nicht mehr gefragt wird oder ein Verfassungsorgan die Bedeutung der anstehenden Europawahl bagatellisiert, …«
[Beifall]

Da haben wir's wieder: Lob und Kritik. Die Kritik ins Lob eingebettet und vorsichtig formuliert.

»… wenn die Entwicklungshilfe eines wirtschaftlich so starken Landes noch unter dem Durchschnitt der OECD-Staaten liegt – oder Deutschland von 9 Millionen Syrern, die im Bürgerkrieg ihre Heimat verloren haben, gerade mal 10 000 aufnimmt.«

[Beifall]

Die Kritik nimmt zu.

»Schließlich bedeutet das Engagement in der Welt, für das Willy Brandt beispielhaft steht, im Umkehrschluss auch mehr Offenheit für die Welt [Positives und Negatives in einem Satz]. *Wir können das Grundgesetz nicht feiern, ohne an die Verstümmelungen zu erinnern, die ihm hier und dort zugefügt worden sind* [Schon wieder]. *Auch im Vergleich mit den Verfassungen anderer Länder wurde der Wortlaut ungewöhnlich häufig verändert, und es gibt nur wenige Eingriffe, die dem Text gutgetan haben. Was der Parlamentarische Rat bewusst im Allgemeinen und Übergeordneten beließ, haben der Bundestag und der Bundesrat bisweilen mit detaillierten Regelungen befrachtet. Nicht nur sprachlich am schwersten wiegt die Entstellung des Artikels 16.«*
[Beifall]

Starke Aussage. Passt vielen nicht. Wieder sagt er es nicht in der härtesten Form eines knackigen Hauptsatzes, der da hieße: *»Artikel 16 wurde entstellt.«*

»Ausgerechnet das Grundgesetz, in dem Deutschland seine Offenheit auf ewig festgeschrieben zu haben schien, sperrt heute diejenigen aus, die auf unsere Offenheit am dringlichsten angewiesen sind: die politisch Verfolgten. Ein wundervoll bündiger Satz – ›Politisch Verfolgte genießen Asylrecht.‹ – geriet 1993 zu einer monströsen Verordnung aus 275 Wörtern, die wüst aufeinandergestapelt und fest ineinander verschachtelt wurden, nur um eines zu verbergen: dass Deutschland das Asyl als Grundrecht praktisch abgeschafft hat.«
[Beifall]

Er verwendet »wundervoll« und »monströs« in einem Satz. Am Ende dieses verschachtelten Satzes kommt dann der Sprengsatz der Rede überhaupt: **»dass Deutschland das Asyl als Grundrecht praktisch abgeschafft hat.«** Er hätte es noch schärfer formulieren können. **»Deutschland hat das Asyl als Grundrecht abgeschafft.«**

»Muss man tatsächlich daran erinnern, dass auch Willy Brandt, bei dessen Nennung viele von Ihnen quer durch die Reihen beifällig genickt haben, ein Flüchtling war, ein Asylant?

Auch heute gibt es Menschen, viele Menschen, die auf die Offenheit anderer, demokratischer Länder existenziell angewiesen sind. Und Edward Snowden, dem wir für die Wahrung unserer Grundrechte viel verdanken, ist einer von ihnen.«
[Beifall]

Gut, der aktuelle Bezug.

»Andere ertrinken im Mittelmeer [Harter Kontrast zu dem intellektuellen, lobenden Einstieg] – **jährlich mehrere Tausend –, also mit sehr großer Wahrscheinlichkeit auch während unserer Feststunde** [Das löst Betroffenheit aus]. **Deutschland muss nicht alle Mühseligen und Beladenen der Welt aufnehmen; aber es hat genügend Ressourcen, politisch Verfolgte zu schützen, statt die Verantwortung auf die sogenannten Drittstaaten abzuwälzen.«**
[Beifall]

Er ist jetzt richtig in Fahrt.

»Und es sollte aus wohlverstandenem Eigeninteresse anderen Menschen eine faire Chance geben, sich um die Einwanderung legal zu bewerben, damit sie nicht auf das Asylrecht zurückgreifen müssen.
[Beifall]

Denn von einem einheitlichen europäischen Flüchtlingsrecht, mit dem 1993 die Reform begründet wurde, kann auch zwei Jahrzehnte später keine Rede sein, und schon sprachlich schmerzt der Missbrauch, der mit dem Grundgesetz getrieben wird. Dem Recht auf Asyl wurde sein Inhalt, dem Artikel 16 seine Würde genommen.«
[Beifall]

Die Sprache bleibt sein durchgängiges Thema, selbst wenn es um Tote geht.

»Möge das Grundgesetz spätestens bis zum 70. Jahrestag seiner Verkündung von diesem hässlichen, herzlosen Fleck gereinigt sein, verehrte Abgeordnete.«
[Beifall]

Das ist wohl der zentrale Satz der Rede. Eine konkrete Forderung. Poetisch vorgetragen.
Sofort nach dieser provokativen Äußerung lobt er wieder. So bleibt den Zuhörern keine Zeit, sich in ihre Empörung hineinzusteigern.

»Dies ist ein gutes Deutschland, das beste, das wir kennen. Statt sich zu verschließen, darf es stolz darauf sein, dass es so anziehend geworden ist.
Meine Eltern sind nicht aus Iran geflohen.«

Endlich macht er mal, was ich empfehle: eine persönliche Anekdote bringen.
»Aber nach dem Putsch gegen die demokratische Regierung Mossadegh 1953 waren sie wie viele Iraner ihrer Generation froh, in einem freieren, gerechteren Land studieren zu können. Nach dem Studium haben sie Arbeit gefunden. Sie haben Kinder, Kindeskinder und sogar Urenkel aufwachsen sehen. Sie sind alt geworden in Deutschland. Diese ganze große Familie – 26 Menschen inzwi-

schen, wenn ich nur die direkten Nachkommen und Angeheirateten zähle – ist glücklich geworden in diesem Land. Und nicht nur wir: Viele Millionen Menschen sind seit dem Zweiten Weltkrieg in die Bundesrepublik eingewandert, die Vertriebenen und Aussiedler berücksichtigt, mehr als die Hälfte der heutigen Bevölkerung. Das ist auch im internationalen Vergleich eine gewaltige demografische Veränderung, die das Land innerhalb einer einzigen Generation zu bewältigen hatte, und ich meine, dass Deutschland sie insgesamt gut bewältigt hat.

Es gibt, gerade in den Ballungsräumen, kulturelle, religiöse und vor allem soziale Konflikte. Es gibt Ressentiments bei Deutschen, und es gibt Ressentiments bei denen, die nicht nur deutsch sind. Leider gibt es auch Gewalt und sogar Terror und Mord. Aber aufs Ganze betrachtet geht es in Deutschland ausgesprochen friedlich, immer noch verhältnismäßig gerecht und sehr viel toleranter zu als noch in den 90er-Jahren. Ohne es eigentlich zu merken, hat die Bundesrepublik – und da spreche ich noch gar nicht von der Wiedervereinigung – eine grandiose Integrationsleistung vollbracht. Vielleicht hat es hier und dort an Anerkennung gefehlt, einer deutlichen, öffentlichen Geste besonders der Generation meiner Eltern, der Gastarbeitergeneration gegenüber, wie viel sie für Deutschland geleistet hat.
[Beifall]
Doch umgekehrt haben vielleicht auch die Einwanderer nicht immer genügend deutlich gemacht, wie sehr sie die Freiheit schätzen, an der sie in Deutschland teilhaben, …«
[Beifall]

Einerseits, andererseits. Wenn alle kritisiert werden, kann sich niemand beklagen. Außerdem ist es ja wahr. Es sind nicht immer nur die einen schuld.

»... den sozialen Ausgleich, die beruflichen Chancen, kostenlose Schulen und Universitäten, übrigens auch ein hervorragendes Gesundheitssystem, Rechtsstaatlichkeit, eine bisweilen quälende und doch so wertvolle Meinungsfreiheit, die freie Ausübung der Religion.

So möchte ich zum Schluss meiner Rede tatsächlich einmal in Stellvertretung sprechen [»in Stellvertretung«, oh weh, aber so ist er halt] und im Namen von – nein, nicht im Namen von allen Einwanderern, nicht im Namen von Djamaa Isu, der sich fast auf den Tag genau vor einem Jahr im Erstaufnahmelager Eisenhüttenstadt mit einem Gürtel erhängte aus Angst, ohne Prüfung seines Asylantrages in ein sogenanntes Drittland abgeschoben zu werden, nicht im Namen von Mehmet Kubasik und den anderen Opfern des Nationalsozialistischen Untergrunds, die von den ermittelnden Behörden und den größten Zeitungen des Landes über Jahre als Kriminelle verleumdet wurden, nicht im Namen auch nur eines jüdischen Einwanderers oder Rückkehrers, der die Ermordung beinahe seines ganzen Volkes niemals für bewältigt halten kann –, aber doch im Namen von vielen, von Millionen Menschen, [Hier wieder in einem Satz die Kritik und das Lob] im Namen der Gastarbeiter, die längst keine Gäste mehr sind, im Namen ihrer Kinder und Kindeskinder, die wie selbstverständlich mit zwei Kulturen und endlich auch zwei Pässen aufwachsen, im Namen meiner Schriftstellerkollegen, denen die deutsche Sprache ebenfalls ein Geschenk ist, im Namen der Fußballer, die in Brasilien alles für Deutschland geben werden, auch wenn sie die Nationalhymne nicht singen,
[Beifall]
im Namen auch der weniger Erfolgreichen, der Hilfsbedürftigen und sogar der Straffälligen, die gleichwohl – genauso wie die Özils und Podolskis – zu Deutschland gehören, im Namen zumal der Muslime, die in Deutschland Rechte genießen, die zu unserer Beschämung Christen in vielen islamischen Ländern heute ver-

wehrt sind, im Namen also auch meiner frommen Eltern und einer inzwischen 26-köpfigen Einwandererfamilie möchte ich sagen und mich dabei auch wenigstens symbolisch verbeugen: Danke, Deutschland.«

[Langanhaltender Beifall – Die Anwesenden erheben sich]

Uff! Was für ein langer Satz. Wie viele Wörter waren noch mal die Obergrenze der optimalen Verständlichkeit? Egal. Denn was für eine Reise, dieser Satz. Ein Roman. Mit diesem spektakulären Ende. »Zeit online« hat den Artikel zur Rede überschrieben mit: *»Danke, Navid Kermani!«*

Auch ich möchte Navid Kermani danken, der zugestimmt hat, dass ich seine Rede verwenden darf. Vielen anderen hab ich zu danken. Aber wenn ich das hier tue, bringt Ihnen das nichts. Statt einer Seite Dank deshalb etwas zum Schluss, womit Sie etwas anfangen können. Die Essenz dieses Buches in Form einer Checkliste:

☐ Spreche ich das Publikum an?
☐ Habe ich etwas Neues zu sagen?
☐ Bringe ich eine Botschaft?
☐ Biete ich Gesprächsstoff?
☐ Ist die Rede nie langweilig?
☐ Regt die Rede zum Klatschen an?
☐ Klingt die Rede nach dem Redner?
☐ Sind die Zuhörer vom Redner eingenommen?
☐ Spreche ich von Menschen?
☐ Steht der Mensch im Mittelpunkt der Rede?
☐ Verdeutliche ich den Nutzen meines Themas für Menschen?
☐ Rege ich wenigstens einmal zum Schmunzeln an?
☐ Wecke ich Emotionen?
☐ Zeige ich, dass ich mich für meinen Stoff begeistere?
☐ Gebe ich etwas von mir preis?

- ☐ Ist die Rede durchweg leicht verständlich? Keine Ausreden!
- ☐ Bringe ich Beispiele oder Anekdoten?
- ☐ Zitiere ich?
- ☐ Erzähle ich eine Geschichte wie am Lagerfeuer?
- ☐ Argumentiere ich und messe mich am stärksten Gegenargument?
- ☐ Untermauere ich mein Wissen durch Zahlen und Fakten?
- ☐ Spreche ich von Werten?
- ☐ Bin ich anspruchsvoll?
- ☐ Habe ich niemanden ungewollt verletzt?
- ☐ Vermittle ich Hoffnung?
- ☐ Erfüllt die Rede ihren Zweck?

MARKUS FRANZ, Jahrgang 1962, geboren in Mülheim an der Ruhr. Jurist (1. Staatsexamen), Journalist (u.a. in leitender Funktion für taz und SZ), Pressesprecher (DGB), Diplomat (Sozialattaché in Washington D.C.), Redenschreiber (u.a. Leiter des Redenschreiberteams von Kanzlerkandidat Peer Steinbrück sowie von Generalsekretärin Andrea Nahles (beide SPD)). Seit 18 Jahren trainiert er zudem Akteure aus Politik, Gewerkschaften, Stiftungen und Unternehmen in Sprache.

QUELLENVERZEICHNIS

Allen, W., Das Beste von Allen, Reinbek 2007.

Bender, R./Röder, S./Nack, A.,Tatsachenfeststellung vor Gericht, München 1981.

Berger, P., Flotte Schreiben vom Amt – Eine Stilfibel, Köln 2004.

de Gaulle, C., Rede an die deutsche Jugend, Ludwigsburg 1962, Der Spiegel, Reden aus Deutschland von 1949 bis heute, Hamburg 1990.

Delius, F.C., Der Sonntag, an dem ich Weltmeister wurde, Reinbek 1994.

Ebeling, P., Das große Buch der Rhetorik, Wiesbaden 1981.

Element of Crime, Das alles kommt mit, Polydor 1993.

Eppler, E., Kavalleriepferde beim Hornsignal: Die Krise der Politik im Spiegel der Sprache, Frankfurt a.M. 1992.

Fitzgerald, S.F., Der große Gatsby, Zürich 2007.

Frank, S., Mein Garten ist mein Herz – Eine Kulturgeschichte der Gärten in Deutschland, Köln 2011.

Franken A./Franken F., Handbuch Redenschreiben, Berlin 2011.

Gernhardt, R., Prosamen, Ditzingen 1997.

Grass, G., Der Butt, Frankfurt a.M. 1979.

Heine, H., Sämtliche Werke in vier Bänden, Bd. II, München 1969.

Jentzsch, K., Rhetorik, Frankfurt am Main 1995.

Kermani, N., Rede zur Feierstunde »65 Jahre Grundgesetz«, Berlin 2014.

Kisch, E.E., Marktplatz der Sensationen, Berlin 1997.

Lampert, M./Wespe, R., Storytelling für Journalisten, München 2013.

Luxemburg, R., Brief an M. und R. Seidel, Zürich 1889.

Noonan, P., On Speaking Well, New York 1999.

Putnam, R.D., Bowling Alone – The Collapse and Revival of American Community, New York 2000.

Rauter, E.A., Vom Umgang mit Wörtern, München 1978.

Reiners, L., Stilfibel – Der sichere Weg zum guten Deutsch, München 1963.

Ritter, K./Medhurst, M.J., Presidential Speechwriting – From the New Deal to the Reagan Revolution and Beyond (Presidential Rhetoric and Political Communication), Texas 2004.

Roehreke I.-A., Reden schreiben, Konstanz 2010.

Schalkowski, E., Kommentar, Glosse, Kritik, Konstanz 2011.

Schneider, W., Deutsch für Profis – Wege zu gutem Stil, München 2001.

Sick, B., Der Dativ ist dem Genitiv sein Tod, Köln 2004.

Steinfeld, T., Der Sprachverführer – Die deutsche Sprache: Was sie ist, was sie kann, München 2010.

Straßner, E., Niveau und Verständlichkeit von Texten in Hörfunk und Fernsehen, Vortrag im Bayerischen Rundfunk, 1975.

Tucholsky, K., Ratschläge für einen guten Redner, Berlin 1930.

von Weizsäcker, R., Zum 40. Jahrestag der Beendigung des Krieges in Europa und der nationalsozialistischen Gewaltherrschaft, Bonn 1985, Der Spiegel, Reden aus Deutschland von 1949 bis heute, Hamburg 1990.

Wallace, D.F., Das hier ist Wasser, Köln 2012.

IMPRESSUM

CORRECT!V -
Bücher für die Gesellschaft
ist eine Marke der

PULS -
Verlag und Vertrieb für die Gesellschaft UG
(haftungsbeschränkt)

Hyssenallee 11, 45128 Essen

GESCHÄFTSFÜHRER:
Dr. Christian Humborg, David Schraven (verantwortlich)

info@correctiv.org

FOTOS: Ivo Mayr
SATZ & LAYOUT: Thorsten Franke, Kristina Nagel, mediaPolis
DRUCK: Livonia Print, Riga. Printed in Latvia

ISBN: 978-3-9816917-5-7

1. Auflage 2015

Alle Rechte bei

PULS -
Verlag und Vertrieb für die Gesellschaft UG
(haftungsbeschränkt)